私营企业的持续改进升级系列 >

小公司日常管理

绩效考核与薪酬设计

潘文富　黄　静——著

中国铁道出版社有限公司
CHINA RAILWAY PUBLISHING HOUSE CO., LTD.

图书在版编目(CIP)数据

小公司日常管理:绩效考核与薪酬设计/潘文富,黄静著.—北京:中国铁道出版社有限公司,2022.5

ISBN 978-7-113-28742-9

Ⅰ.①小… Ⅱ.①潘… ②黄… Ⅲ.①中小企业-企业绩效-企业管理②中小企业-企业管理-工资管理 Ⅳ.①F276.3

中国版本图书馆 CIP 数据核字（2022）第 000667 号

书　　名：小公司日常管理：绩效考核与薪酬设计
XIAO GONGSI RICHANG GUANLI：JIXIAO KAOHE YU XINCHOU SHEJI
作　　者：潘文富　黄　静

责任编辑：陈　胚　　　　**编辑部电话：**（010）51873459
封面设计：宿　萌
责任校对：苗　丹
责任印制：赵星辰

出版发行：中国铁道出版社有限公司（100054，北京市西城区右安门西街 8 号）
网　　址：http://www.tdpress.com
印　　刷：北京铭成印刷有限公司
版　　次：2022 年 5 月第 1 版　2022 年 5 月第 1 次印刷
开　　本：710 mm×1 000 mm 1/16　**印张：**13　**字数：**157 千
书　　号：ISBN 978-7-113-28742-9
定　　价：59.00 元

序　言

员工不是机器,不是输入指令就能自动执行的。因为人本身的状态是不确定的,是变化的,诸如:有着起伏不定的情绪,昨天热血沸腾,认为能战胜一切困难,今天却又偃旗息鼓,觉得这个也难那个也难;每个人的生活背景不一样,价值观不一样,对工作内容、对公司及个人发展等方面的理解不一样,对应的执行力也就不一样;人是有惰性的,很难一直保持较高的自觉性和责任心……

因为各种持续变化和不确定性,所以公司对员工的管理工作就要持续,持续地对员工进行观察、提醒、强调、跟进、刺激、平衡、牵制……犹如和尚念经,日复一日,又像工厂师傅对机器螺丝的每日检查,每天都得紧一紧。

日常人事管理,虽然看起来是个重复性的工作,但在重复的基础上,也需要提炼一些关键点出来。

1. 建立标准

公司每个岗位包含的工作范围,每件工作具体怎么做,流程是什么,每个执行动作的具体量化指标是什么,出现问题应该如何处理,甚至什么东西放在什么地方等,都应该有一个统一的、明确的标准。基于确定的标准,才能实施管理。

这里所说的标准,不是刻板的死规定,而是有效工作方法的集合与提炼。标准也不是一成不变的,而是根据实际工作的变化和新问题的出现,持续地增补和完善的。

2. 建立预案机制

公司运营不会一帆风顺,各种变化、变故、问题、意外,乃至严重事故都会接二连三地出现。对于这些可能出现的问题,公司应主动提前预判,并建立针对性的预防措施,尽量把问题消除在预防阶段。对一些无法预防的问题,也要提前建立好相关的处理措施,一旦出事,公司能迅速按照既定预案处理,减少损失,避免事态扩大。

对于一些没有预知预防的问题，一旦出现，公司除了迅速研究处理办法，也要将此类问题纳入公司问题预案机制中，避免下次再出现同类事故。

3. 利用机制来应对人的惰性

员工不可能始终保持积极认真的工作态度和执行力。老板也没有那么多精力来亲自跟进每一个员工，那公司就得建立一些机制来应对人的惰性，即基于人与事之间的内在规律，实现公司对人的半自动化管理。如利用电脑程序的自动提醒功能，提醒某个员工，在某个时间点要处理某件工作；利用随身佩戴的视频记录仪，来时刻督促员工保持规范的行为举止；利用内部轮岗机制，来消除员工的自我膨胀心理；利用AB岗的建立以及请假时的替岗人机制，来促进员工之间的关系融合；利用外部第三方机构的神秘顾客机制，来防止店员的懈怠和违规，等等。

4. 形成习惯

这里说的习惯，就是不假思索的执行。

公司对员工的执行能力培养，更多的是在培养员工养成特定的习惯，通过特定动作的反复演练，特定阶段的高压力，严格的监管处罚措施，使得员工在一定时间内，对某类工作的思维方式和执行方式，被反复锻炼成习惯，同时，消除员工身上已有的不良习惯。在今后的实际工作场景中，在没有老板监管的情况下，员工也能习惯性地执行相关工作。

5. 中层干部的培养

公司起步阶段，是老板亲自管理员工，当员工数量达到一定程度之后，老板就管不过来了。这时，公司就需要通过设置中层干部岗位，来为老板分担一定的管理事务。所以，在日常管理的过程中，还得要保持观察，看哪些员工可以被提拔成为管理者，今后来接替自己的部分管理职能。

以上这些是公司日常管理提炼的几点心得，在这里写出来希望对一些公司的管理工作能有一些启发和帮助。

《糖烟酒周刊》创办人

华糖云商营销传播股份有限公司总经理

前　言

员工上班为老板干活,老板给员工发工资。

这件事看上去很简单,也可以是个双赢的结果,不过,现实中在很多中小公司里却搞成了双输。

大公司有自己的薪酬考核体系,而小公司多则几十上百人,少则几个人,没有能力建立和维持一套复杂的薪酬考核体系,且复杂的体系并不一定适合自己的公司。小公司所需要做的就是能找到适合自己的且成本较低的薪酬考核体系。

一些公司老板感到公司人事成本越来越高,而有些员工的工作态度和执行力却不行,自己工作能力没进步,却要求公司加工资;而有些员工则认为自己工作那么努力,才得到这么点工资,自己的付出和回报不成正比。

其实,公司老板也不是怕花钱,怕的是钱花下去没有回报;而员工也不是纯粹的不负责,工作能力是可以加强的,更好的业绩也是可以做出来的。

双方在工资方面的矛盾,从根本上说也就是三个方面的原因。

1. 双方对工资的认知不一样

工资究竟是什么?如何对员工的工作进行考核?员工薪酬发放中又涉及哪些问题?工资水平的高低究竟是老板来评判,还是基于当地的薪酬行情来评判……

这些问题,站在老板和员工的角度,看法都不一样,也很难达成一致意见。

2. 发工资的铺垫措施

有些老板认为,员工的薪酬设计与发放很简单,员工干多少活拿多少工资就是了。但现实却是,员工薪酬的核算与发放,除了按劳取酬外,还涉及许多因素,诸如当地的薪酬行情,老板自身的信誉,员工创造的价值及带来的成本浪费,员工工作能力提升与工作成绩之间的关系，公司进步与员工个人提升的内在关系，员工家人以何种方式共享员工工作收益等。

之所以要考虑这么多事情，是因为员工看待工资本身就是复杂的，公司必须要有应对，只有满足了员工的各种需求与想法，才能更好提升员工的工作积极性和效率，才能达到双赢。

3. 谁先谁后的问题

老板希望员工先好好工作，员工做出成绩后，老板自然会考虑给员工加工资。而员工则希望老板先把工资给提起来，才有信心来工作。

双方都在等对方的主动，等待对方先付出。这件事本身没有什么深奥的道理，只是双方都站在自己的角度来看待问题。一直耗下去，双方都吃亏，且老板吃的亏要更大些。所以，工资问题的解决，还得要老板主动调整，主动研究员工对工资的看法，健全薪酬考核制度的配套措施。

本书即是针对中小公司绩效考核与薪金发放中出现的各种问题，从公司老板对员工薪酬的认知，员工薪酬的结构设计，员工绩效考核的优化，薪酬发放的细节与注意事项，一些常见问题与解决方案等方面来讲述，力求将笔者多年管理公司的经验呈现给大家，希望对读者能有一点启发和帮助，找到适合自己公司的薪酬考核体系。

目　　录

第一章

作为公司老板，该如何看待员工工资

第二章

员工薪酬结构设计

第三章

公司绩效考核与优化

第四章

薪酬发放细节及注意事项

第五章 员工薪酬设置中的问题及应对方法

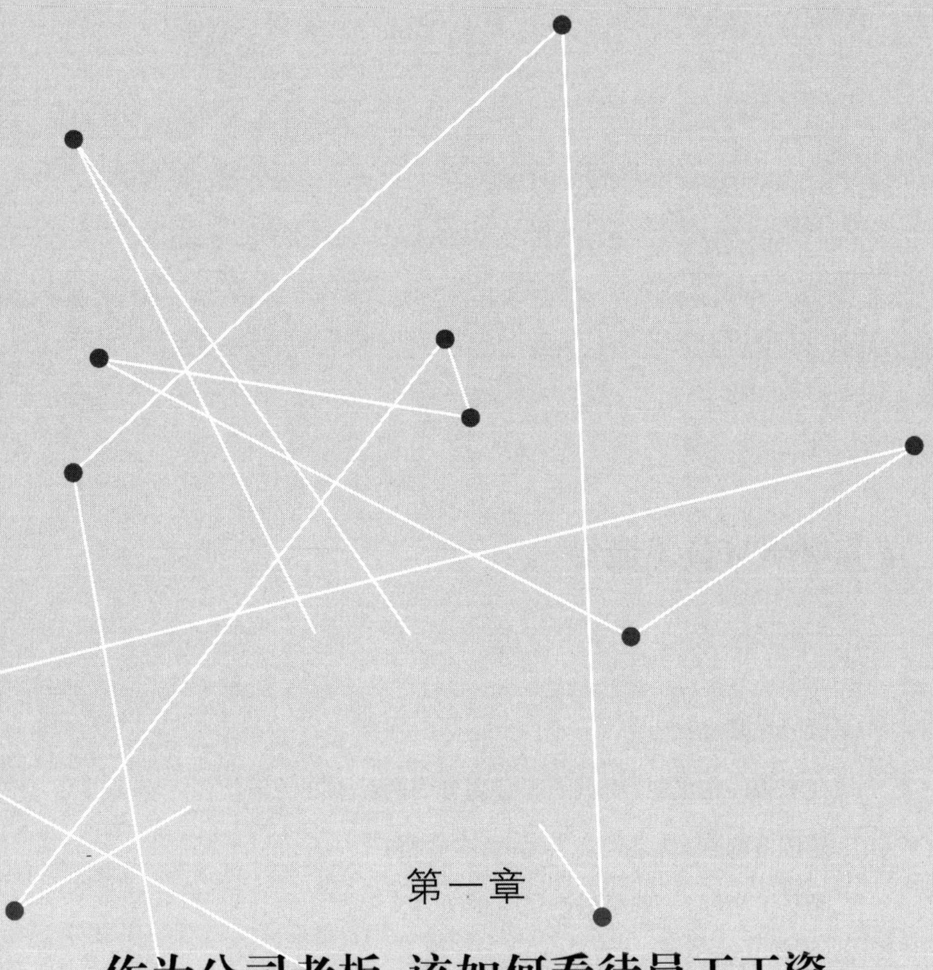

第一章

作为公司老板,该如何看待员工工资

按劳取酬与员工激励

工资究竟是什么？

站在老板的角度，可将员工工资划分为两种不同的定位：

一是按劳取酬，就是干多少活，拿多少钱；

二是员工激励，工资是激励员工的工具。

那么，作为公司老板，你会选择哪一种？

当然，不同的选择，就会相应出现不同的工资设计模式、发放模式。我相信，大多数老板都会选择按劳取酬的模式，因为这种模式设计简单，计算方便。只要设定考核标准，员工照此执行即可；公司按照员工的工作成果来计算工资，谁也不吃亏。但是，站在员工的角度，这事可没那么简单，员工会很自然地想到这几个问题：

(1)按劳取酬一定会涉及相关的核算标准，这些标准的起草权一定是在公司老板手里；公司老板起草的标准，一定是最大化、有利于公司的，对员工往往是不利的;或是标准定得过于苛刻,按照这个标准,员工是会吃亏的。并且很多老板不会与员工商议确定相关工资的核算标准。

(2)按劳取酬一定是先劳再酬。员工得先要付出,先做出成果,然后公司才能给予一定的酬劳。这里又存在两个问题,一是从付出到得到回报之间的时间距离有多长,月底还是年底。当前很多私营企业是将年终奖金作为年度主要收入的(每月的工资额不是很高),也就意味着,付出和回报之间的时间过程长达数月,甚至是一年。二三月份做出的成绩,要到年底才能兑付相关的酬劳,作为员工心里是极不愿的。二是,在这期间会不会有变故,老板是不是一位诚实守信的人,中途会不会因为员工的一些问题,用其过失来抵销前期的业绩成果。当然,也许公司老板压根就没有这些意思,但员工心里想的可能会不一样。

(3)即便员工很认真地工作,但认真的付出不一定就会有好的工作成绩。毕竟在工作中,有很多不确定因素,如有许多无法掌控的外部客观因素。对于员工来说,自己的辛苦付出,往往因为某些客观因素而没有得到对应的产出和结果,也就没有对应的薪酬回报,感觉很吃亏。

所以,公司老板以按劳取酬为定位所设计出来的薪酬体系,在员工看来并没有多大的吸引力。有些老板看到当前的薪酬体系作用不大,又会不停地更换考核方式,劳心费力。其实,只要是没有脱离这个定位,再怎么换效果都是一样。

那是不是按劳取酬的定位就一定不好呢?答案也不是,按劳取酬的工资设计定位,更适合在生产型岗位上使用,也就是针对生产工人。因为在生产型岗位上,工资的计算标准很大程度上会遵循行业薪酬标准,各公司间的差异不大,员工不论到哪家干都是这个水平,行情较为透明。同时,生产工人的工资结算周期短，一般按照月或是按照周来计算，很快就能兑现，员工并不是很担心。最后一点也是最重要的一点，生产工人的工作方式中，过程和结果都是可以量化的，过程与结果之间的关系较为对等。每个工序和零件的生产质量，直接等于产出结果。所以，员工有付出就会有回报，结果较少受到外部客观因素的影响。

但若是公司销售类型的机构或是部门，用按劳取酬的工资定位很显然不太合适，公司还应该考虑使用员工激励的定位。

一般来说，员工激励包括的内容有以下方面：

(1)将工资定位成商品，不是简单地发给员工，而是将其打好包装，附上说明书，恭恭敬敬地送给员工。

(2)一方面缩短员工付出与得到回报的时间，另一方面在部分环节上提前发放。

(3)老板将工资看成风险投入，要在前期先投入；而不是将工资看成是事后的对应结算。

(4)工资不再是发给员工一个人的，而是通过多种形式发给员工一家人的。

(5)不一定都采取传统的“挣钱模式”(告诉员工工作目标，然后在员工实现后再给付工资)，而是可采取“保钱模式”(先给员工工资，再向员工提要求；员工无法达成时，抽回公司前期所给的工资)。

(6)在工资的核算上，公司可以进行局部模糊化处理，尤其在一些小钱上主动放松，例如发工资时，可以将几十元钱的尾数直接加补成一百元整数发放给员工等。

(7)将工资的发放作为老板和员工之间的沟通机会。

(8)在给员工核算工资的同时，也可以向员工核算一下每人工作中所消耗的经营成本，以及带来的额外成本和问题。

(9)不一定全部按照结果来给员工核算工资，有些工作员工只要做好过程，无论结果如何，公司都应该对其有对应的回报。

严格来说，生产工人和销售/业务人员的工作性质不一样，应该用不同的薪酬考核模式。但是，很多企业的人事管理体系绝大多数来自生产制造企业，相关的管理方式其实都是用来管理生产工人的，没有针对销售/业务人员的工作特性来设计薪酬体系。用管理生产工人的办法管理业务人员，结果可想而知。

工资是一种单向的风险投资

在公司老板的眼里，工资就是公司的直接经营成本，而且现在这个成本越来越高了。

工资一定不能白给，也不能多给，按劳取酬是应该的，老板不能让员工吃亏，员工也不能让老板吃亏。公司发工资给员工，员工得要拿工作成果来交换。在老板看来，员工在拿工资之前，自然先要把成绩做出来，成绩越好，工资自然也会给得痛快些，也给得多些。不过，若是员工没有一个好的成绩交上来，或是老板在不确定员工是否有成绩的前提下，只能先给员工一点基本工资，根据员工后期的实际工作表现和成绩情况，再来逐渐增加。这个机制可以使公司的风险不至于过大，同时也在一定程度上兼顾员工的收益。所以，在工资的核算问题上，老板希望员工最好具备一定的自觉主动意识，即先不提工资待遇，老板给什么待遇就先接受什么待遇，先集中精力把工作做好，把成绩做出来。等有工作成绩出来，老板自然会考虑给员工提职加薪的。其实，在员工看来，可不是这么回事，绝大多数员工会考虑下面一些问题。

1. 工资的行情因素

某类岗位的工资，在当地必然有个范围。这些行情信息是公开透明的。虽然行情是有高有低的，但是从员工个人感觉来说，所瞄准的行情标准往往是就高不就低。老板在面对新员工开列待遇标准时，一般都不会一步到位给到最高值，这会让员工在比较行情时，心里多少有些不满。

2. 付出与回报的次序

付出与回报，必然是有前后次序关系的。员工究竟是先付出再等待回报，还是先得到或是明确足够的回报再来决定自己的付出，这是一个问题。

大多数员工想的是：先确定公司所给的回报，再决定自己的付出。这个思维是没有错的，可是，老板们想的却是，先确定员工的付出再来决定给员工的回报。这里就形成了一个矛盾，双方都希望对方先付出，然后再确定自己的付出，这就形成了双方的等待状态，都在等待对方先付出。很少有员工能突破这个思维模式，主动先付出，先做出成绩，而都是在等待老板先把待遇提升起来。

3. 公司老板是否值得信任

当然，老板一般都会表态：“先好好干，后期不会亏待大家。”这话说得没错，老板们在看到成绩之后，按说也不会不兑现。但是，在员工看来，公司老板说的话，究竟能不能当真，主要还是得看这个老板是否值得信任。在没有建立足够的信任之前，公司所给的承诺，员工会认为可能是空头支票。

公司老板也在考虑，这个员工是否值得信任，万一开始就给予足够高的待遇，后期的实际表现不尽人意，那岂不是公司吃亏了。在员工没有获得老板的足够信任之前，老板也会采取安全措施，先给员工一个差不多的工资待遇，等其实际的工作成绩做出来之后再说。

现在我们站在中立的位置，从一个客观的角度来分析这个问题。

严格来说，工资问题是一个结，或者说是公司和员工双方之间的一个独立桥，公司在这头，员工在那头，双方都希望对方先让一步。老板希望员工先不要计较待遇，先把工作做好，把成绩拿出来；员工希望老板先把待遇提升，先让自己拿到实实在在的工资收入。双方都在等待对方，一直在等。其实，老板完全可以给员工多提高一些待遇；员工也可以先把工作做好，在态度和技术上不成问题。不然的话，这种被动思想会加剧双方的敌对情绪，在一定程度上形成恶性循环。

究竟是员工先把工作做好，还是公司老板先把待遇提起来，双方所想都有道理，可是麻烦也就在这里。人之所以争吵，大多都是认为自己是有道理的，真理在自己这一方。

在这里，笔者的看法是，老板得要主动退一步，道理很简单，在双方僵持等待的状态下，双方都有损失，但公司的损失会更大些。当然，公司主动提升员工的待遇是存在一定风险的，有些员工拿到高收入之后，活干得也不怎么样，对不起公司给的高待遇。不过，老板得从全局来看，不能因为一些低产出的员工，就否定所有的员工，而采取保守的被动模式，其实这样的结果会更糟糕。

对于老板来说，在工资这个问题上，要把其当成一种风险投资，而且是主动的、单向的风险投资。毕竟不能确定所有员工的产出，所以说是有风险的。这个风险，也是一个老板生意运营所必然要承担的风险之一。做生意，这点气魄是要有的，要假定所有的员工是值得信任的，相信他们在获得高收入之后会好好工作。千万不能等待，老板等不起，等下去的成本会更高。前期投入有风险，但可能有收获；没有前期投入，虽然没有了风险，但也没有了收获。

多劳多得不是那么简单

员工进公司来上班，不是来帮助老板实现伟大梦想的，也不可能像老板那样对公司尽心尽力。至于职业发展、快乐工作乃至个人价值的体现等，都是后来的事情。

对于公司的老板来说，也不是不舍得给员工工资，只要员工肯认真干活，能出成果，工资是不会少的；并且，其他相关的待遇公司也有量化标准，诸如什么样的产品、几个点的提成、不同的完成率对应的核算方法等。在老板看来，员工考核本质不复杂，就是多劳多得、少劳少得、不劳不得。老板出钱，员工干活，在利益驱动下，员工能自主自发地工作。的确，这道理很简单，理论上的逻辑关系也成立。但是，实际运用中却没有这么简单：老板舍得给钱，公司也建立了标准，员工的工作质量和成果却是不尽如人意。

人事管理上出问题，先得找管理者的原因，简单的多劳多得制度之所以贯彻不下去，主要原因也是出在老板的身上。

1. 员工对公司老板是否信任

有时候，老板对员工的许诺，在员工看来都是空头支票。当然，不是说空头支票不能开，而是老板有没有配套的信任度。若是老板在员工面前没有足够的信誉作为支撑，员工不怎么信任这个公司的老板，那么任何薪酬考核方案都很难起到激励效果。老板在员工面前是否有足够的信誉，是薪酬方案能否实施的首要条件。

2. 工资是否符合当地的薪酬水平

员工在入职之前一般会去打听当地同类公司、同类岗位的薪酬水平，并且根据收集到的薪酬信息，在心理上会对自己的薪酬有就高不就低的预期。一旦公司给的工资水平低于行业平均值，员工就认为自己在这公司吃亏了，公司所实施的薪酬体系也就没法发挥激励效果。所以，公司在制定薪酬标准的时候，一定要参考当地本行业的薪酬水平。对于其他同类公司的高收入，需要主动向员工说明情况，别家公司的高薪酬对应的是什么条件和要求。避免员工只看到高收入，没看到高要求。

3. 薪酬体系能否照顾到员工的工作过程

没有过程就没有结果，这个道理老板们都懂。但是，有些公司在制定员工考核方案的时候却没有体现员工的工作过程，而是直接考核销售/业务人员的销售业绩或回款。对于相关的过程工作，如新网点开发、客户了解、档案制作、信息传递、基础客情、产品陈列、增值服务等却视而不见。作为基层员工，业务水平和全局观都较为有限，公司考核结果，业务员就会直奔结果，缺乏对过程工作的关注和执行。在没有足够过程工作支撑的前提下直接要结果，效果可想而知。

公司的考核方向应是先从员工的工作过程开始，引导员工做好过程。在过程工作到位的基础上才能考核工作结果；在结果稳定的基础上，再来考核工作创新。这是一个循序渐进的过程，不是直奔结果那么简单。

4. 公司后台系统支持是否到位

在小微公司，销售/业务人员都是全能型的，甚至一个人能搞定所有的事情。从新网点开发到送货，再到结算，最后到客情。但是，公司规模一旦扩大，需要有更高的效率和产出时，就得进行内部专业化分工，建立各个部门，设立专业岗位，员工各司其职，通过管理体系进行整合，发挥 1＋1＞2 的员工工作效能。

目前，很多公司的考核模式还只是针对员工个人的考核，没有从公司的角度系统地来考虑，没有充分考虑到员工的工作绩效。这很大程度是因为公司没有后台系统给予支持。光靠员工个人的能力发挥，作用力是非常有限的。

在系统健全的竞争对手面前，必然处处被动。

在考核员工之前，老板要先看看公司后台系统的建立是否到位，是否已经发挥对员工的支持作用。

5. 工资兑现模式

在绝大多数公司里，老板对员工的工资待遇的兑现方式都是后兑现模式，也就是员工先干活，后期才能兑现相关的工资待遇。这里涉及两个问题：一是员工对公司及老板的信任问题；二是兑现期对员工激励作用的衰减问题。

信任问题前面已经说过了，这里只说兑现期的激励衰减问题。一般来说，兑现期越长，薪酬对员工的激励效果越弱。当前一些公司的薪酬兑现模式中，大多是以年度为兑现单位。到年底的时候，公司才给员工兑现年度奖金。这个做法很传统，已经不符合当前“90后”为主的员工群体。“90后”员工平均在职时间短，个人储蓄少，喜欢薪酬的快速兑现，这与传统的年终奖金模式存在冲突。

结合“90后”员工的实际工作特点，公司要缩短对其的薪酬兑现期限，从年度奖金兑现，缩短到季度或是当月兑现。能提前的就不推迟。

从根本上来说，出现兑现期对员工激励作用衰减的问题，还是因为老板把人事管理工作看得太简单了，也没深入研究员工，直接用自己的思维模式来思考问题。为什么不想研究？可能因为认为不值得；为什么觉得不值得？可能是老板只是把员工当成执行的机器。所以，才会简单对待这个事情，试图通过一些简单的考核制度，实现多劳多得的公司氛围，甚至能让员工自主自发来工作。老板想得太简单、太美好，考核制度实际落地之后发现没有起到预期的效果，却又开始抱怨员工不好管理，执行力差……从而陷入恶性循环。

工资中的等待

按劳取酬，一分投入一分收获，这些道理谁都知道。在员工工资这个问题上，公司老板想得并不复杂，员工干活，公司老板给钱；员工业绩高、贡献大，公司老板自然也会给得更多。这看起来似乎也挺公平。

但是实际操作中却有个非常现实的情况：员工的付出和工资收入之间，不可能是同时的，必然是有先有后。绝大多数情况是，员工付出在前，收入在后。也就是说，员工得要先干活，先做出成绩，后期才能有收益。毕竟，在双方关系中，公司及老板处于主导地位，不但决定了员工的工资计算标尺，还决定了员工付出和收入的先后次序、兑现方式等。老板们认为，作为员工自然要作出成绩证明自己的能力，甚至有些时候还要证明自己对公司的忠诚，并且让自己看到。当然，只要员工有足够的价值贡献，收入自然也会水涨船高。所以，老板有句话是常挂在嘴边的："好好干，我心里是有数的，我不会让你吃亏的。"总而言之就是，员工得要把成绩先做出来，先让公司有收益，然后老板再来调整员工的收益。

可是员工往往不是这么想的。有些员工认为，“拿多少钱，干多少活”是天经地义的；老板大方，钱给得多，自己就多做点；老板抠门，钱给得少，自己就少干点。

说到这里，问题也就很明显了：是员工先好好干活出成绩还是老板先把工资待遇涨起来，这个先后次序究竟怎么排，老板和员工是各有各的看法，且不在一条线上。那么，这种情况所导致的结果是什么呢？结果就是等待！双方都在等待，老板在等员工先好好工作出业绩；员工在等待老板先把工资待遇涨起来，这一等可能就是很长时间。在等待的过程中，老板对员工，员工对老板，都会不同程度地失去耐心，并且产生负面看法。老板认为员工没有工作积极性，员工觉得老板太过小气。不过，先涨工资还是先等员工作出成绩，这个主动权在老板手里，而工作质量的主动权则是在员工手里。

说到底，就是一个主动和被动的问题，老板和员工都希望对方主动一些，主动沟通，主动付出。可是，两个人都指望对方主动的时候，事情就卡住了。就像两个人过独木桥，各自从桥的一边上来，总得有一个人先退一步。双方谁都不退的话，那么谁都过不去。老板和员工都在等待对方时，双方都耗费了大量的时间成本，相对来说，老板的时间成本要更高一些。

客观地说，笔者还是建议老板先退一步，因为相对公司老板来说，员工缺乏主动的投入和长远规划意识，心态和思维习惯以被动为主。当然，当员工具备主动思维，敢于主动投入付出时，离他自己创业当老板的日子也就不远了。所以说，老板得要主动让一步，哪怕是吃点亏也得让一步，先主动提升员工工资待遇；并且主动和员工沟通，向其表明，是员工待遇提升在前，老板先付出在前，公司、老板先行承担风险，以此来对接员工的被动等待心态。

老板在前期的主动投入、付出，如果在后期运营得当，这些早期投入是可以赚回来的。若是老板坚持自己一点亏都不吃，或是怕员工前期拿了好处就辞职，而是要等员工先做出成绩出来，那就亏定了。

员工工资的多与少是比出来的

在公司的运营上，老板对外要抓经营，对内要抓管理。经营工作的运行重点，核心就是两个字“卖人”；而这内部管理的重点或基础则是“发工资”。归根结底，所谓做生意，就是对外怎样把钱赚进来，对内如何把钱给出去，形成良性互动循环。

说到工资问题，想必大多数老板都曾听到下属员工抱怨工资少。面对这种情况公司得有一些应对之策才行。员工经常抱怨，会直接影响工作质量。

工资是没有上限的，但员工工资设计的核心在于怎么发，而不是怎么加。3 000元的工资，会发的老板能发出 10 000 元的效果；而不会发的老板，3 000 元的工资发出去也就起到 1 000 元的效果。

员工工资具体怎样设计，怎样发，说起来篇幅太长，这里，我们先来分析一个简单的问题：员工抱怨工资少，这个工资少背后的因素有哪些，或者说，员工为什么总是抱怨工资少。

员工嫌工资少，有两种少法：一是数量上的绝对少；二是数量上的相对少。

绝对少，大家都能理解：就是实在是很少，员工拿钱回家连基本的生活都不够……不过，笔者认为现在这种情况很少见。

另外一种情况是相对少。这里所说的相对大概是相对以下这五个方面而言的。

1. 相对自己的付出

员工可能会认为，自己在公司工作的时间很长，自己的付出很多，包括时间、精力、体力、工作中的高度责任心、为工作而调动自己的私人社会资源等，同时，为了自己的这份工作，员工可能还放弃了很多来自其他公司的发展机会等。可是，这么多的付出，工资却没有达到自己的预期。

2. 相对老板的收入

有些员工眼见着老板买房又换车，也会猜想一下老板的银行账户里究竟攒了多少钱。同时也会认为老板赚这么多钱都是员工辛辛苦苦赚来的。相对老板手里的巨额财富，自己拿到手的工资简直就是九牛一毛。

3. 相对身边同事的收入

员工和同事对比收入是很普遍的现象。身边同事干活的质量和实际收入员工可以看得清清楚楚。这个时候，工资的绝对值已经不是最重要的了，有时候看着身边一些明显不如自己的同事，拿与自己一样的工资；甚至有些不如自己努力，或是干差不多的活拿的钱却比自己多的人，会觉得很不公平。

4. 相对身边亲朋好友的收入

每个人身边都有一个圈子，主要由家人和亲朋好友组成，一些员工也许不在乎自己的社会地位，但对自己在身边圈子里的地位是非常重视的。在身边的圈子里，自己的收入处于一个什么样的水平线，是他们最乐意比较的。

5. 相对其他公司同类岗位的收入

当一些员工看到其他同类公司在招聘同类岗位时，自然要多关注一下；或是在遇到其他公司同类岗位的员工时，自然也要多交流几句。交流的重点往往是集中在收入方面，一旦知道其他公司同类岗位的收入超过自己时，就会觉得不公平。

所谓工资少，更多的是来自当事人自己的对比。这种工资少的感觉长期存在一定会影响到员工本人的工作质量。毕竟，主导一个人情绪的是感觉；感觉是一种自我认知和判断，尤其是来自对比而得出的认知和判断。

既然了解到了问题，接下来再来研究如何解决。

首先，作为公司管理者，要清楚“员工嫌工资少”背后的真实原因，知道员工有哪些具体的对比点，且不说一定能掌握具体的解决办法，但至少要知道，要了解，要有这个意识。然后主动引导员工从客观角度看待自己的工资问题。

我们了解到，员工认为工资少是对比出来的。要解决这个问题，还得通过对比的方法，把“工资少”给比回去。同时，要向员工说明，员工工资是否真的少，究竟是怎样少下去的，如何解决自己的工资提升问题。至少，老板得要让员工明白自己的工资问题出在哪里，真正导致工资少的原因是不是自己所想象的那么简单。

引导员工对比的方法有以下几种，可作为参考。

方法一，岗位技术能力量化

公司应列明每个岗位人员所需要具备的职业技术，并制定量化标准，引导员工自己进行对比，员工当前所掌握的职业技术种类及技术等级，是否能有效应对当前的岗位技术要求。

方法二，基础工作量化

对于业务类的岗位而言，员工收入主要来自业绩，而业绩达成的背后还有大量的基础工作。对基础工作的淡漠和质量不达标，是业绩难以完成的主要原因之一。当然，员工往往不会往这个方面去想，他们只是简单地认为业务工作难度大，业绩很难完成，因此自己的收入少。这时候，管理者就应该把相关的基础工作全部量化出来，引导员工自己对比，看看自己的基础工作做到位了没有。

方法三，工作规划与实际进度透明化

公司要求员工将自己的工作规划与进度列出来。可以采用月度或是年度工作规划表的形式，将员工的整体工作规划全部呈现出来，要求至少实现整个月度的工作规划。从这个规划表可以直观地看出来，员工对自己工作的整体规划能力，对工作的责任心，以及对相关工作的系统性考虑。若是员工连月度规划都做不出来，那意味着员工工作还有待改进。

同时，要求员工以每日工作日志的形式，详细记录自己当日工作，看看其实际究竟做了哪些事情。通过规划与实际工作进度的记录，再将其呈现出来，让员工看看自己实际究竟在规划些什么，又具体做了些什么，然后再对比自己的工资。

方法四，个人创新能力对比

执行公司工作指令是员工的基本工作。在此基础上，要想实现自我提升，还应该有额外的贡献，尤其是在思想层面的创新，诸如对工作本身的深入研究，总结出来的技术方法、创新思路、创新方案等。若是这些都没有，员工又凭什么来提升自己在公司的地位和工资呢?!

方法五，鼓励员工到其他公司面试

针对一些员工觉得其他同类公司的工资很高的状况，公司完全可以鼓励员工抽空到别的公司去面试一下，甚至还可以去短暂地工作一两周，让员工看看别的公司是不是真有那么高的工资，看看更高工资的背后对应的员工能力和工作任务量要求是什么。

方法六，开展社会化公益活动

公司可以适当地开展一些社会化的公益活动，如扶贫救弱，对口援助等，以此来提升员工的社会参与感。公司挣钱，并不只是老板个人财富的增长，而是要有一定社会贡献的。同时，一些有意义的社会活动，会在一定程度上淡化员工对收入问题的对比，尤其是在身边社会圈子里的纯物质性的对比。

方法七，老板高收入背后的艰辛

老板的确有着更高的收入，但老板的财富来得也不容易。老板要通过一些客观的介绍向员工说明，作为公司老板，所承担着哪些表面所看不到的工作和压力，诸如工作的复杂性、随时可出现的风险、前期的艰辛和付出、精神生活质量差等。有机会的话，老板也还可以让员工感受一下其中的压力，让其切身体会。

方法八，建立内部轮岗制度

在公司内部，每个岗位都有外人看不到的痛苦和压力；外人看到的，往往只是相对轻松的一面。若引导员工通过简单的换位思考起不到效果，在条件许可的情况下，公司可以安排内部员工进行轮岗，让员工切身感受身边同事所面临的压力，使大家多些体谅，少些简单的收入对比。

工资是发给员工一家人的

工资是发给谁的，这个问题看起来再简单不过了：员工在公司这里干活，老板自然是要把工资发给员工的了。

但实际上，发工资这个事情，不是简单的按劳取酬，也不可能是完全的等价交换。工资，其实是一种管理工具，可以用此来影响员工的思想，驱使员工的行为。换句话说，就是可以进行员工激励。所以，在发工资这件事情上，除了简单的数额高低之外，在发放形式本身，也是大有文章可做的。优化得当，可以更大程度发挥工资对员工思想和行为的影响力，例如，在工资发放对象设定这个方面，传统的做法很简单，就是直接发给员工个人；其实公司可以换个思路，把员工的工资发给员工的一家人，让员工的家庭成员，共享到员工上班的收益。

为什么要把工资发给员工一家呢？这样做对公司的益处又在哪里呢？

(1)员工与其家庭的互相支撑关系。

每个员工的背后，都必然是有一定的家庭背景，员工对家庭要承担一定的责任，工资拿回去是要养家的。从这个意义上来说，公司发给员工的工资，是用于员工的整个家庭开支的。

老板发给员工的工资，让员工来维持其整个家庭支出，反过来说，员工的家庭也在不同程度上支持员工的工作。如家人主动承担家务活，让员工集中精力上班和休息；又或是因为员工加班，而没有足够的时间陪伴家人，家人对此也有足够的包容等。并且，在精神上，家人也会鼓励员工认真工作，好好地在公司做下去。

(2)工资信息的透明化问题。

作为员工的家人，自然也会关心员工的收入情况（尤其是老婆），不过，不是所有员工都会如实向家人说明自己工资状况的，少说或是干脆不说也是正常现象。有些是因为员工自己能力有限，或是工作方面不够努力，或是因为犯错被扣款，员工在家人面前不愿意说明在自我身上的原因，在解释工资少这个问题上，有些人干脆就把责任推到公司头上。

这很容易导致员工家人对公司、对老板产生误解，认为公司、老板太小气，轻视了员工的工作价值，轻则抱怨几句，重则劝员工离职。有些时候，员工自己打算离职，为了争取家人的支持，也会故意说老板压低工资，为自己跳槽提前铺设理由。

之所以在发工资时要考虑员工的家人，是因为员工的家人是员工真正的管理者，公司老板充其量只是员工的第二管理者。要想有效地管理好员工，就必须“联合”员工的第一管理者，形成三角形管理关系，实现对员工的有效管理。

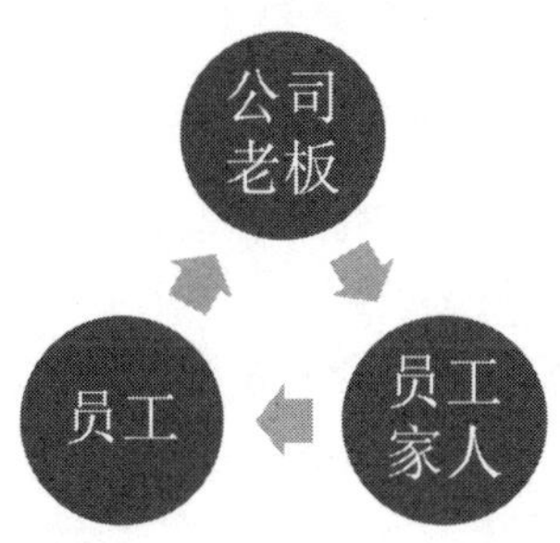

这个三角形的形成，不但可以稳定员工，通过员工的家人对员工进行一定的正面促进，还能增加公司对员工的安全牵制力，在一定程度上降低员工闪辞的概率。

要想建立这个三角形的管理关系，就必须与员工家人挂上线，并导入一定的沟通和利益分享机制。这也是要把员工一个人的工资发给员工一家人的目的所在。

那么，怎样将员工的工资，发给员工一家人呢？是直接将员工工资的一部分给员工家人吗？这得采取一个表面上大家都能接受的方式。

1. 分离的比例

公司传统的做法是把员工工资100％发给员工一个人，现在可以考虑提取其中的2％～5％当作家庭工资发给员工家人。上限控制在5％，再多之后员工有可能接受不了。

2. 预算的设定

公司在制定员工工资预算时，就得把家庭工资这个钱设定进去，在每次做员工工资表之前，把家庭工资提取出来。需要注意的是，不要在员工工资表上有所体现，不然的话，员工会认为老板拿了自己的钱去做人情，而是要让员工认为家庭工资是公司额外拿出来的。

3. 使用形式

按照2%～5%的比例提取出来的家庭工资，少则几十元钱，高则几百元钱。这个钱怎么花？直接给员工的家人不现实，因为太少，且给的方式也是一个问题，让员工家人到公司来签收这点钱也不现实。

比较简单的办法是用这些钱买东西，以福利品的形式跟随工资一起发给员工。

4. 福利品的选择

说到发福利品，有的老板也许会说，“我们发过，但效果不怎么好，并且员工还嫌麻烦，认为不如直接给钱省事。”

这里需要弄清楚的是，工资里的现金是发给员工本人的，而福利品则是家庭工资，是发给员工家人的。在福利品的选择上要考虑员工的家人而非员工本人。一般来说，对于员工的父母，可以采购一些生活必需品，如“柴米油盐酱醋茶”；对员工的伴侣，可以是一些精致的生活用品；对员工的子女，可以是一些儿童食品、玩具等。这类物品的货值不高，实用性强，适用面也较广。

若是本地员工，公司可以直接将福利品跟随员工工资发放。但是遇到物品较重不方便携带，或是员工家庭在外地的情况，公司可以通过快递送货上门。

5. 配发福利品的目的

公司配发福利品的目的是让员工的家人直接感受到利益。在传统观念中，福利发放，带有公司感情的成分，员工和员工家人都乐得接受。这种形式可以有效地推动员工家人对公司及老板的好感。

福利品的发送方式，除了员工自带或是快递公司送货外，公司的老板或是公司的高管完全可以亲自送上门。并借此与员工的家人保持一定的接触、沟通，这种形式只要能保持一年两三次的见面沟通，员工自然也就不会在工资实发金额这个问题上对家人有所隐瞒了。

配发福利品的最终目的，是形成公司老板、员工、员工家人之间的三角形管理关系，强化正面推动力，增加公司对员工的牵制力。所以老板可以想一想，同样的工资，发给员工一个人再多员工也不觉得多；若是能发给员工一家，让员工一家人都能分享到，其所产生的推动效能要大出很多。

与薪酬匹配的还有什么

一般来说，老板和员工关系中的对立成分很多时候要大于合作成分，尤其是和老员工之间。

引发对立的原因很多，最为常见的就是薪酬问题。工资给得多还是给得少，给得快还是给得慢，考核制度的合理与否等，都会产生矛盾。双方都认为自己并不是一个要求高的人，在工资待遇问题上要求也不高，只是双方的算账逻辑不一样而已。

公司老板：

(1)工资设置要参考当地的行情，并且取个中间值。

(2)员工得要先证明自己的工作能力并创造出业绩，老板才会调整工资、待遇等。

(3)员工多劳多得，为公司创造的价值越大，员工的收入也会越高，并且理论上并没有封顶。

(4)尽量是低底薪，高提成，避免养懒人。

(5)从次序的角度来说，应是员工的付出在先，酬劳兑现在后。

……

员工：

(1)员工会收集和对比同类岗位的薪酬行情，在心理预期上会就高不就低。

(2)员工认为老板应该开出真正具有竞争力的薪酬待遇，以此来承认员工的价值。

(3)先付出后兑现，这需要四点来支撑：一是公司、老板的信誉；二是公司里有人实际拿到高薪的事实；三是公司要有明确清晰的计算标尺（而不是模糊的“到时候再说”）；四是公司要有成熟体系来支撑员工的工作。

(4)尽量是高底薪，这样员工才有安全感。

(5)从次序的角度来说，应该是员工先拿到较高的薪酬待遇，然后才有认真干活的动力。

……

简单来说，在薪酬待遇这个问题上，老板和员工都是被动的，都希望对方先主动先付出，这样自己才是最安全的，也不会吃亏。

其实，大家都是讲道理的人，虽然薪酬的主动权在老板手里，但老板也要把道理同员工讲明白了，把账算清楚了。若是老板不肯讲道理，或是讲不清楚道理，那就不能怪员工干活“磨洋工”。

其实，与薪酬体系相匹配的，还有以下这几点因素，公司老板得要一一排列清楚。

1. 当地的薪酬行情公示

关于这一点，公司老板可从以下几点考虑。

(1)公司可以通过当地人力资源与社会保障局的官网，或是大型招聘网站的本地频道，查到相关岗位的薪酬行情情况，并予公示。

(2)公司应提取同类岗位的薪酬书(高值、低值、均值)，以表格的形式排列，并张贴公式。

(3)在薪酬行情表中标出自己公司当前的实际薪酬属于哪种水平，持平、略高还是略低。

(4)行业的薪酬行情公司没必要藏着掖着，公司不公示，员工自己也会去打听。

2. 岗位说明书

公司一定要有岗位说明书，再小的公司也要有，不然必定会造成员工工作职责不清晰，工作不积极等情况。具体有以下几点需要注意。

(1)为每个岗位设定岗位说明书。

(2)说明书中要注明员工胜任该岗位所要具备的职业技术、经验背景、专业知识等，即便员工当前不达标也没关系，但标准一定要列出来，不然遇到问题也就没有管理的凭据。

(3)要注明该岗位的工作范畴，即具体包括哪些工作事务。即便是出现概率非常少的工作事务也要列明，并提前告知员工。否则以后公司在给员工安排新工作时，员工就会认为是额外增加工作量。另外，这些工作事务当中，哪些是主导型的，哪些是配合型的，也要列清楚。

(4)要注明该岗位的发展空间是什么，是职务上的提升，待遇上的提升，与公司合作关系的提升(例如从雇佣关系提升到合伙人关系)，还是岗位的调动与轮岗等。

3. 工作进程透明化

工作的透明化应该包括以下内容。

(1)员工工作做了是一回事,用什么方法体现出来又是一回事。

(2)员工每天所做的工作内容、进度、成果,要进行透明化呈现。

(3)员工的工作量让大家都能看到,不藏着不掖着,以避免同事间的互相猜忌,总觉得别人都没自己做得多。

(4)将员工所管理的客户,以客户分布地图体现出来;客户的具体情况,用客户档案体现出来;项目的进度情况,用项目进度表体现出来;工作时间的安排,用工作时间表体现出来等。

(5)通过工作进程透明化,直接展现出相关工作的真实价值、进度、成本、风险、投产比等情况。这些东西都列清楚了,再来对照相应的薪酬体系就有依据了。

涨工资与涨效能

一说到要给员工涨工资,老板可能就会脑壳疼,现在生意本来就不好做,员工工资却要一年年涨起来。虽然心里一万个不愿意，但是整个行业员工的工资都在涨，不涨也不行。

最起码，涨工资有两个基本原因。

(1)通货膨胀率。最起码，工资涨幅要能赶得上通货膨胀率。多了不说，每年5%的工资递增起码要有。

(2)员工的基本收入递增，员工一年年干下来，且不说成绩有没有逐年递增，至少工龄是逐年递增的，工资也得有所表示。

以上这两个还只是基本原因，若是再加上一些业绩及价值贡献等方面的因素，员工年度工资的涨幅得在10%以上。每年都得10%，所有员工的10%，公司、老板的压力可想而知。

涨工资的问题是宏观层面的，不是哪个公司、哪个老板可以左右的，这是现实。老板发牢骚是没有用的，甚至还会导致员工的不满。老板只有从正面来积极看待和调整这一问题。

做生意讲究付出和回报，老板每年给员工涨工资算是付出，而员工对公司、对老板的回报自然是要体现在工作效能上了。可问题也就出在这里，老板给员工的工资以每年10%的速度在递增；而员工的工作效能，有没有按照10%的速度在递增呢？

如果有同步递增，那老板表示加工资也没什么；若是工作效能的增速超过10%，老板反而赚了，这个时候公司有投入更有产出。

但在实际工作中，很多员工的工作效能是落后于其工资涨幅的，能持平就不错了，甚至还有的员工的工作效能是逐年下降的。员工工资在涨，效能却在降，相信没有几个老板能受得了。

可是，员工的工作效能为什么没有同步提升，一般也有两个方面的原因：一个是员工自身的职业技术问题；另一个是员工自身的工作态度问题。

员工自身职业技术又包括两个方面，要么是员工能自己保持学习和进步；要么是公司能主动给员工安排学习，并改善管理机制，增加对各岗位工作的支撑和服务措施。对员工来说，这更多是客观层面的。而员工的工作态度则更多来自对公司、对公司管理机制的认知和感受，包括对老板的信誉、能力认可度，公司内部风气，甚至是来自老板和管理层的施压等，这些因素会直接导致员工的工作态度恶化。这更多的是员工自身主观方面的因素。

在实际工作中，关于职业技术，有多少员工能有主动学习进步的自觉性呢？越是基层员工，在学习方面的惰性越强。一些员工认为，自己有空闲时间，还不如看电视、打游戏，而不肯阅读专业方面的书籍，更别提对自身工作效能提升的研究了。这时就得要靠公司来规划安排，并从后台系统的支持性方面来设法提升员工的工作效能。若是公司没有这个意识和规划，不给每个员工设定进步的目标，也没有对应的培养计划，完全靠员工的自觉，那就不会达到预想的效果。公司都没有提出对员工进步的要求，又有多少员工会有自发的进步意识?!

关于员工的工作态度，就更是老板的原因了。老板对员工是否尊重、与员工的沟通方式、自己信誉的维系、员工工作环境的改善、公司生活设施的添置等，这些是直接关系员工工作态度的因素。老板们有没有认真研究过，有没有具体实施，是不是还在坚持先等员工把工作做好，再来考虑这些？

说到底，这些问题的产生还是老板自己的原因。只抱怨员工工资年年涨，什么用都没有。换句话说，员工工资肯定是要年年涨的。作为老板，得要把注意力及行动力放在对员工的职业技术能力提高和工作态度改善上，也就是把注意力放在员工工作效能的提升上，以此来应对员工工资的涨幅。若是发挥得当，使员工工作效能的涨幅超过工资涨幅，员工开心，老板更开心。

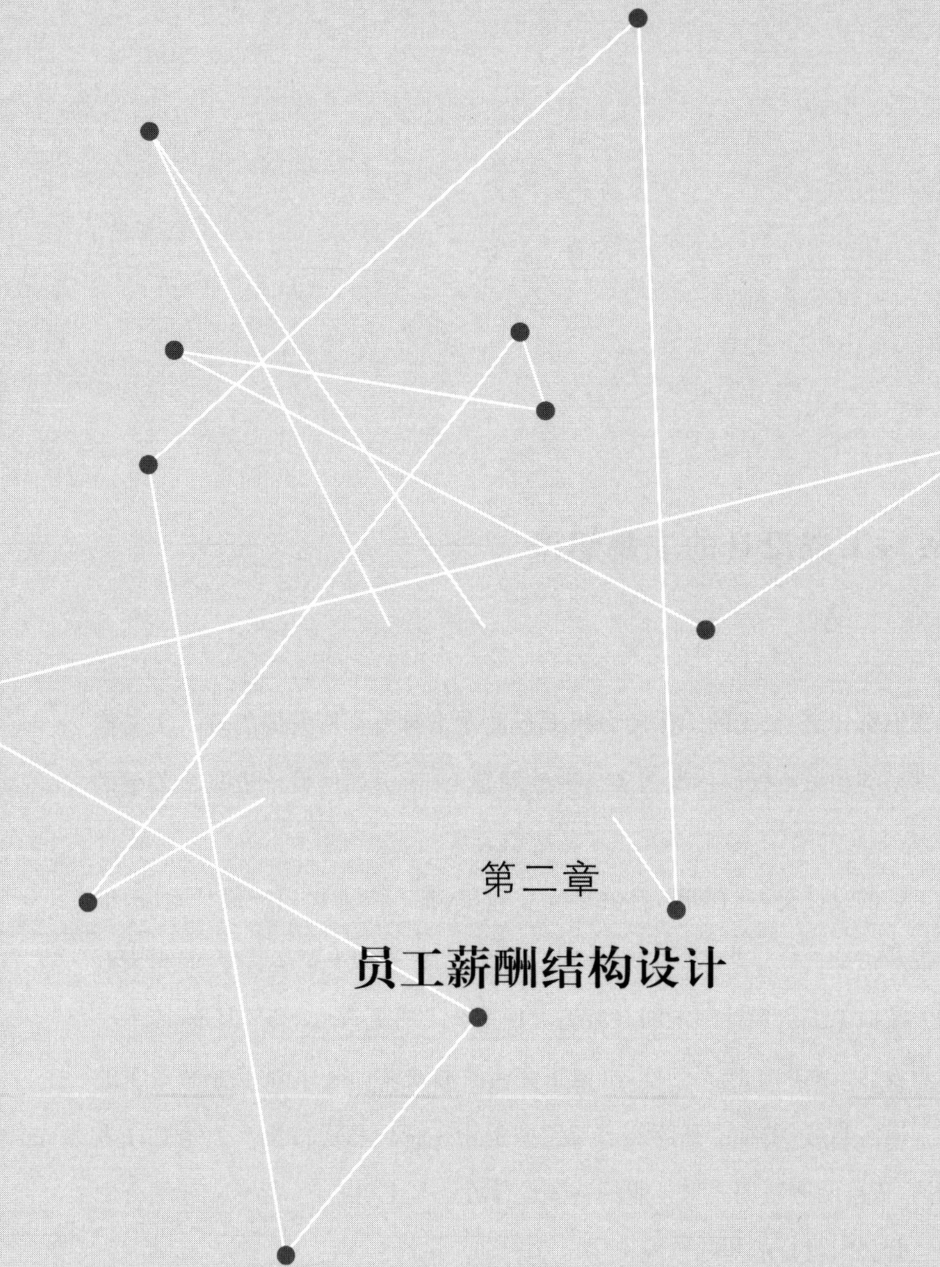

第二章

员工薪酬结构设计

老板对工资设计的主观思维

我们都知道，员工的工作动力很大程度上来自公司所发的工资。工资给员工带来的动力不仅仅体现在多与少的问题上，工资如何设计也是个关键的因素。

工资的设计是一门学问，在许多大企业里，都有专业的薪酬设计系统，以设法提升工资给员工带来的激励作用。但是，在广大中小型私营公司，很少有老板关注员工工资设计的学问。虽然老板给员工的工资也不少，但是，出于一些工资设计方面的工作不到位，不但工资的激励效果有限，反而会招致员工的诸多不满。当然，中小型私营公司与大型企业在管理和运行模式上是有许多区别的，直接照搬照用大型企业的薪酬设计方法是不可行的，得要充分结合中小型私营公司自身的实际情况。

在中小型私营公司，公司老板一般是这样来设计的：

(1)新员工在入职时，基本工资较低，并且与其他同行开出的工资差不多。

(2)销售/业务人员的工资结构多由基本工资、奖金、福利待遇三部分组成。

(3)销售/业务人员的奖金多分为月度销量奖和年终奖两部分。

(4)当员工表现较好,业绩较为突出,或是工作年限较长时,公司一般会考虑增加其基本工资。

之所以这样来设计员工的工资,老板们可能出于以下这些考虑:

(1)新员工刚进公司,其业务能力和工作态度尚不明确,所以先给开个差不多的工资,以后要是做得好,再加上去就是了。

(2)员工的能力是一点点锻炼起来的,这可能需要一个比较长的时间。在进公司初期,员工的能力还没有有效提升时,自然也就不可能有多大的业绩,其收入自然不能高了。

(3)员工与公司之间的磨合是需要一个时间段的,在磨合期内,员工对公司的认可度和忠诚度还没建立起来,稳定性自然也就没有保障。为了减少公司不必要的损失,在员工刚进公司时,自然没有必要给开高工资。

(4)奖金是激励措施,业绩越高,奖金越高,员工会为了获取高收入而努力工作的。

(5)公司之所以设置月度奖和年度奖,是想给员工不断地带来刺激点,形成连续的刺激与激励。

当然,从老板的角度来看,以上这几点是没有错的,但是,这只是老板的想法,员工会是这么想的吗?众所周知,老板与员工之间是存在许多本质上的差别的,老板的思维模式很难套用在员工身上,双方在思维模式和思维习惯方面都有着许多的不同,甚至是对立。

老板这种工资设计模式,对员工来说,其实际效果是有限的,这是因为:

(1)新员工进公司的第一个月是黄金一月，这是员工创造力和忠诚度培养的关键时期。员工新进公司的第一个月，往往很大程度上决定了他今后对公司和老板的看法，也是其思维和工作模式的定型期。并且，在员工新进公司的第一个月，员工的热情一旦受到伤害，以后很难弥补；而工资的多少是直接影响员工工作热情的一个主要因素。低工资往往意味着员工价值没有被承认，或者没有得到更好的承认。当个人的价值没有被承认时，必然会伤害到员工的工作热情。尽管老板会申明以后根据表现考虑给员工增加工资，但是，事实上已经造成对员工的伤害了。

(2)“大家好好干，干得好就加工资”，这些话往往是许多老板常挂在嘴边的。尽管老板说的是真话，但是员工对老板说出来的话的信任度是有限的。毕竟没有落实到纸面上，到时候能不能兑现还不确定。

(3)员工一般会根据结果再来决定付出(老板是根据员工业绩，来决定付出)。“既然在新入公司就给这么点工资(结果)，也别指望员工能有多大的付出了。”当然，这也是上文提到的员工和老板双方最为常见的矛盾之一，员工在等着老板的主动和先行付出，而老板在等待着员工的主动和先行付出。

(4)老板很珍惜自己的公司，毕竟，自己是和公司维系在一起的，是一体的。所以老板会做长线规划，会牺牲眼前的部分利益，追求长线利益。但是相对老板而言，员工就不是那么珍惜公司。对于员工而言，公司只不过是当前的一个工作平台而已，除了这家平台，外面还有很多，甚至有更好的平台。所以，员工很少会对自己当前的工作做长线规划，这也是正常。做得好就做下去，做不下去就设法换家公司。而收入低，往往也是员工跳槽的因素之一。换而言之，员工打工做的是短线，而不是像老板那样做长线规划的。

(5)许多老板会有一个认识上的错误,即员工会为了高收入而努力。其实,有些员工不会为了高收入而努力,因为有个前后的次序问题在里面,为了拿到高收入,在前期必然要加倍的付出,更加的辛苦,而高收入却要到后期才能实现。再说了,即便在前期加倍付出很多,所谓的高收入什么时候才能发下来还是个未知数。不过,从另外一个角度来看,员工虽然不愿意提前付出,但员工却是非常在意如何保住现有收入的。在员工看来,保住现有的收入,往往要比去争取不确定的高收入更有实际意义。

(6)员工能力的提升速度是受外界压力影响的,当员工压力不大时,能力提升的动力自然也就不大,甚至会认为没有提升的必要。能力提升的速度自然起不来。也就是说,当老板没有给员工足够大的压力时,认为员工能力的提升就应该慢慢来,是不对的。老板都不着急,员工自然更不着急了。其实,员工能力往往是在短期内受到巨大压力而迅速提升起来的。

我们把老板和员工对工资的不同看法综合起来分析发现,双方对工资问题上有着许多截然不同的观点,也就是这些不同的观点,导致员工对公司的忠诚度、工作热情乃至工作能力难以有效提升。

结合以上对双方的分析情况,在中小型私营公司,又该如何来设计员工的薪酬体系呢?

薪酬设计涉及的因素很多,方法也很多,在这里,笔者先说一个最简单的设计模式,就是把工资的发放反过来。即在新员工刚入职,按照老员工和高业绩的标准给员工发工资！发比同行水平高的工资。当然,这个高工资只是维持一两个月而已,若是员工能适应公司及业绩压力,就继续保持下去;若不然,只有辞退或是降低工资水平。

当然,这样做必然会增加公司的人事成本,但这也会给公司带来相应的收益。其实采取这种工资发放形式，公司的收益更高！

公司的收益主要体现在工资对员工的激励作用上，有效地激励就能有效地推动员工的工作热情以及工作能力的提升，从而最终带来公司业绩的提升。那么，具体来说，这种工资设计形式对员工的激励作用体现在哪几个方面呢？

(1)迎合员工的被动和结果导向思维。员工一直在等待老板的先行付出，然后再按此来决定自己的付出，这样做，公司已经提前达到员工的这项要求。

(2)增强员工对工作机会的珍惜，毕竟，这样的工资远超过同行水平。可谓机会难得，自然要珍惜了。

(3)大大增强员工对老板许诺的信任度。高工资的提前支付，充分说明老板是敢于给员工发放高工资的，员工以后如果做得更好，还会收获更多。

(4)一些员工不会为了高收入而努力，但是员工会为了防止失去高收入而努力的。高收入可是真金白银发下来了，大家自然希望这个收入标准能继续保持下去，谁也不愿意把已经到口袋的钱再掏出来。所以工作就会有更大的动力。

(5)员工刚进公司就是高工资，这立刻就会给员工带来高压力。虽然员工对行业不熟悉，对业务流程不熟悉，对客户不熟悉，对市场不熟悉，还存在这样那样的困难，但是，员工为了维持这个高收入，必须在短时间内掌握相关的业务技能，并取得一定的业绩。不用老板教，员工自己自会想办法请教别人(这种状态下的主动学习，才是最有效的学习)，更加努力的工作，务必在短期内迅速提升业务能力。

(6)公司要主动承认员工的价值，而高工资是最简单也是最能说明问题的价值承认形式。作为员工，当自己的价值被老板承认时，对公司、对工作所爆发出来的工作热情将极大地推动工作绩效提升。

其实，算下来，公司也没额外多付出多少钱，也就是把员工的奖金提前发了，虽然也会有一些员工在“混了”一两个月的工资就闪人的状况，但是，这毕竟是少数。从整体上来算，还是公司获得的更多。

工资设计的基本要素

工资是老板与员工关注的焦点，也是双方容易出现矛盾和纠纷的关键点所在。作为老板，觉得请人的成本越来越高，并且会认为钱没少给员工，但员工却没有一个相对应的绩效回报。而一些员工则认为自己的收入太少，活儿太多，且工作环境不甚愉快，发展前景也渺茫。

导致双方对工资问题存在这些不同看法的原因很多，但其中一个主要原因就是，公司在薪酬设计方面没有认真地研究考虑，随意设计薪酬体系。除此之外，还有以下几个原因也导致了员工对工资的不满。

(1)财务人员数量少。有些中小型私营公司只有一位财务人员。本来就忙不过来，加之财务人员往往又是老板的家人，在对待员工的态度上自然没有什么服务意识，与员工的沟通方式简单甚至粗暴，导致员工出现反感情绪。

(2)员工工资的发放形式单一。大多数中小型私营公司的薪酬形式都只是每月发一次，收入形式简单，不够丰富，且所发下来的钱很容易被员工进行量化对比，从而出现自己收入少的对比感受。

(3)工资的核算形式复杂。基本工资、各产品的奖金、津贴、补助，核算起来很麻烦，加之中小型私营公司的财务人员缺少，核算方面难免会出现一些错误，而这个错误又很容易导致财务人员与业务人员之间的纠纷。

(4)人员的进出流动性大，员工职务变化频繁。毕竟不是大企业，员工的职务变化需要按照一定的程序来进行。有时候在中小型私营公司里，只是老板的一句话，员工往往能在一个月之内更换数个工作岗位。这也给工资核算带来了麻烦。

(5)在一些小型私营公司，员工缺乏安全感，难以培养员工的归属意识。员工很注重自己当前的收益，也就是对当前的工资收入看得分外重。公司在薪酬设计和发放问题上若缺乏细心考虑，容易加剧员工的不满情绪。

根据中小型私营公司的特点，在薪酬设计时，有些基本因素可先进行调整。

1. 基本工资

以当地最低工资水平为基础，统一全部岗位的基本工资。

参照当地政府所规定的最低工资标准，再略升一级，例如，当地规定的最低工资是每月 1 000 元，那么，可将基本工资定为每月 1 200 元。这里需要强调的是，所有职务的基本工资都应该是一样的，无论是仓库的装卸工还是销售总监，都是每月 1 200 元。避免各岗位各级别的基本工资不一样而带来核算上的麻烦。

2. 职务津贴

公司按照各职务状况及工作年限，设定职务津贴。

各岗位、各职务、各级别自然是有一定的收入区别，若是这个区别形式以基本工资的形式体现出来，那么在设置和核算上公司会增加许多的麻烦。笔者建议公司可以使用职务津贴的形式，给每个职务设定不同的级别，然后设定不同的岗位津贴。公司根据员工的入职时间及当前的工作岗位，确定该员工的职务津贴等级。原则上，新员工在新进公司时均为初级职务，根据其工作表现状态，逐级提升；在员工工作突出或是工作年限较长时，可直接调整其职务津贴。同时，对一些能力较强的新员工，在入职时可直接给予一个较为合适的职务津贴，而不一定需要按照逐级提升的顺序。

另外，公司应取消各职务的各类补贴补助，同时也取消老员工的工作年限补贴，统一合并为职务津贴的形式来体现。

具体可参见下表：

公司各级别津贴

使用级别	普通岗位	主管人员	经理人员
初级	300 元	700 元	800 元
中级	500 元	800 元	1 000 元
高级	600 员	900 元	1 500 元

3. 员工基本工资与浮动工资的比例控制

(1)业务部门，各占一半。

在业务部门，工资对员工的作用重点在激励上，所以，公司应该将员工基本收入和浮动收入两者之间的比例控制在各占一半。若是员工的基本工资比例过高，奖金部分较少，自然会影响员工提升销量的积极性；若是基本工资比例过少，奖金比例高，则又会使得员工认为，收入缺乏应有的保障性；同时，过高的奖金比例还会导致业务人员不顾及产品结构的均衡性，过于侧重某些商品的销售，导致公司的产品结构失衡。

(2)后勤部门，三比七。

公司的后勤行政部门则要突出其岗位的稳定性，以及公司给员工的保障机制，使得后勤人员保持一个较好的心态来服务业务部门。针对后勤人员的基础收入部分要提升。较为合理的比例是：基本收入占全部收入的70%，浮动奖金占另外的30%。

具体可参见下表：

各岗位固定收入和变动收入占比

岗位性质	岗位类别	固定收入(包括基本工资、津贴、福利)占比	变动收入(奖金)占比
销售岗位	业务员、促销员	50%	50%
体力岗位	装卸工、司机、工人	60%	40%
管理岗位	主管、经理	60%	40%
高层管理岗位	副总以上级别	30%	70%
行政岗位	文员	70%	30%
简单岗位	保安	70%	30%
专业岗位	财务人员	80%	20%
策略岗位	设计人员、市场人员	80%	20%

4. 关于产品销量的分解

将公司当月各产品的销量分解到个人。

根据年度销售计划，每月公司应核算出各产品的当月销售任务量，并将其分配给各业务主管；再由业务主管根据各业务人员的当前负责区域及业务能力状况，分解分配到每位业务人员。此工作可以在上月的 27 日前进行初步分解，29 日前与员工沟通调整确定，30 日上报确定。

为了督促提醒每位业务人员，每天营业结束后，公司后勤文员需要将每位业务人员的当日销售数据进行统计，上墙公布，同时，还应该计算员工相关的完成进度比例，以便让业务人员及时掌握。

5. 关于考核方法

为了确保销量计划的严肃性，公司对业务人员所承接的销量要进行考核。业务人员的销量完成状况要与其收入挂靠在一起。这种考核的方法可以分为三部分：

一是单品销量，如低于计划销量的 80％不予发放奖金。

二是应收账款，这里可根据行业状况，设定应收账款的回收率，一般来说，设定在 80％～100％之间最为合适。

三是各产品的完成均衡率。为了避免业务人员只侧重部分产品的销售，公司还应对业务人员所承接各产品的完成均衡率进行考核，即是在要求业务人员完成各产品当月销量的基础上，还应顾及各产品之间完成率的均衡性，不应出现某些产品超额完成任务，而某些产品只完成了极少一部分的状况。一般来说，产品的均衡考核主要采取一票否决制。业务人员所承接的产品中，只要有某一个产品的完成率低于 80％，不论其他产品销量有多高，当月奖金全部取消，或是扣罚一半。这样会迫使业务人员从均衡的角度来调整各产品的销量状况。

6. 罚款部分的设置

有奖就有罚，为了确保公司制度的严肃性，笔者认为有两个方面不应设置奖励，而应该是设置扣罚。

一是全勤奖。员工来工作，按时上班是应该的，全勤是应该的，而缺勤就应该要扣罚。

二是应收账款奖金。销售/业务人员做销售工作，把产品销售出去与把货款收回来是相辅相成的，是一个整体，不是独立的两个工作。所以，公司不应该设置应收账款方面的激励奖金。如果设置可能会导致出现负面结果：业务人员为了获得额外的应收账款奖金，故意拖延账款的结算工作，等待老板给予更高的奖励措施时再去收账。

7. 工资发放日的规定

公司应固定每月的工资发放日，一般来说，每月 10 日发放上月工资较为合适。另外，还需注意的是，工资发放日只能提前不能拖后。

8. 工资发放形式

一般来说，为提升员工对工资收入的满意度，笔者建议员工的收入分为三种形式来发放：一是基本工资，二是可量化的奖金收入，三是模糊化的公司红包。其中，这老板发放的红包就是一种可控的调整手段。

9. 财务报表

财务部门每月可出具两份不同的员工工资表，一份是给公司老板看的，应全面标明每位员工的应得收入情况，老板可将其中一部分的奖金提出，以公司红包的形式来发放；另外一份工资表是给员工看的，上面所列的工资收入应是扣除红包之后的。

10. 没有必要让员工清晰个人收入

还有一点应该注意，公司没有必要让员工很清晰地核算出其当月的各项收入，这样反而不利于调动员工的工作积极性。

员工底薪的设计概要

公司在薪酬体系的设计中，首先要明确的就是员工的底薪（基本工资）。底薪的设计一般包括三个方面：底薪的额度、各级别底薪的差额设定、岗位津贴的设计。

1. 底薪额度的设计

在核定底薪额度时，很多老板是这样考虑的：

（1）依照当地同类岗位工资的行情标准，例如业务人员一般多少钱一个月，促销员一般多少钱一个月，以此来作为参照标准，并且自认为不让员工吃亏。

（2）招聘的员工分工和级别各有不同。在底薪的核算上，老板往往是按照员工分工和级别的不同，分别设定不同的底薪。

（3）原则上来说，老板对新进员工一般都是"低进后加的"策略，即刚进来的新人，先给列个较低的工资水平，然后依据员工在后期工作中的实际表现和业绩情况，逐渐给予调整增加。

在老板看来，这种设计模式很正常，算是合情合理的。但是员工可不是这么想的，例如在工资行情方面，老板所认为的行情，在员工眼里就可能不是行情了，员工自己可能会进行一些薪酬待遇的信息收集，并且收集信息时心里有就高不就低的预期。这就导致老板和员工双方各自认定的行情压根就不在一个水平上。从而对员工的情绪和工作状态带来一定的影响。那么，这个问题怎么解决，其实也简单，就是用 $N+200$ 的办法。

这里的 N，就是参照当地人力资源与社会保障部门所颁发的当地最低工资标准，然后再加 200 元钱，例如当地公布的最低工资标准是 2 000 元，那么员工的底薪就设定为 2 000＋200＝2 200 元，之所以这样设计原因有以下几点：

(1)符合相关法律规定。

(2)转移员工的注意力。员工往往觉得是公司在设定工资标准，而公司借用当地政府最低工资标准，可以在一定程度上转移员工的注意力。并且，公司的标准比最低标准要高。

(3)有效地避免了老板和员工就工资行情问题的矛盾。老板和员工各有各的行情标准，如今公司两种的标准都不依照，而是依靠政府规定的标准，这是相对最公正的。

(4)在员工工资总额较为固定的前提下，公司尽可能给奖金留出更多的空间，所以在合法的范畴内，要设法降低员工底薪的额度，好给奖金设计留出更多的空间。

2. 各级别底薪差额的设定

公司所招聘的员工，分工和级别各有不同，公司往往会按照其重要性或是级别，在底薪的额度上进行一定的差异化。其实，完全没必要这样做，因为这种差异化很难去满足各级别员工自身对差异的认定，还会导致员工之间出现一些矛盾。并且，不同级别的底薪，也会给财务人员的核算带来较多的工作量。此外，员工的底薪原则上公司是不做调整的，因为员工对底薪的调整抵触情绪非常强烈（奖金可以有上下的浮动，底薪不行）。

这个问题的解决方法就一句话：公司所有员工的底薪都一样，都是按照 $N+200$ 的额度来发放。无论是销售/业务人员还是总经理，全部都一样。一是方便计算，二是避免员工之间的对比差异，同时也是将底薪固定化，以便后期需要对员工进行降级处理时，在另外的津贴、奖金等方面体现出来。员工底薪是不能动的。

3. 岗位津贴的设计

在实际工作中，各岗位的员工会有些因公费用，例如通信费、交通费等，所以，在一些公司里，老板也开始给员工发放各类岗位津贴，但也会有相应的问题，那津贴的名义和额度的问题，员工往往认为，自己公司没有某些类别的津贴或者报销额度较低。

针对这一问题解决方法也很简单，就是将所有各类的津贴进行合并发放，不细分。因为一旦分开，员工可能会认为每一种津贴都很少。

具体核算模式可参考下表：

岗位津贴核发标准　（包括各类通信费、误餐费、交通费等）

对应层级	业务/后勤人员	主管人员	经　　理
初级	300 元	700 元	1 000 元
中级	500 元	800 元	1 300 元
高级	600 元	900 元	1 500 元

公司在设计这种集中合并式的岗位津贴时，还应该考虑以下两个方面。

（1）员工的底薪是不能动的，但津贴是可以上下浮动的，如果遇到需要对员工进行降低处理的情况，可以降低其岗位津贴。或者需要奖励员工但又不合适提升其职务时，可考虑提升其岗位津贴的方法，例如从初级业务提升到中级业务。

(2)底薪虽然都一样，但基层业务员和业务主管之间的区别还是要有体现的。这个区别就可以用岗位津贴的形式来体现。一般来说，基层业务人员的岗位津贴就是纯粹的岗位津贴，但主管以上的岗位津贴其实也包含了职务性的收入在里面。

最后是关于底薪所对应的工作内容。毕竟，员工所拿的每一分钱，都要有对应的工作付出来交换，底薪也是如此，必定也会有些对应的要求，尤其是一些基础类的工作，例如内部信息确认、内务整理、工作报表等；或是其他的基本工作要求，例如保持对客户态度的礼貌，保持对规章制度的遵守等。公司可以考虑将这些基本工作内容与要求分解量化，并与底薪的多少进行对应说明。

下表是以 1 500 元的底薪为例，进行内容分解：

工作内容及要求所对应的底薪

工作内容或要求	达成要求或备注	对应底薪
办公区域清洁卫生	保持清洁	200 元
个人办公文件物品整理	保持整齐，分类清楚	200 元
规定的各类报表	按时完成	200 元
常规内勤事务	根据要求完成	200 元
公司的规章制度	保持遵守	300 元
对外部客户的态度	保持礼貌	200 元
自我学习补贴	保持自我学习状态	100 元
小额因公费用	金额过小或是无报销发票	100 元

这样做的目的有两个：

(1)再次向员工证明，公司对员工的每项要求，或是员工所做的每项工作，都会有一定的对应物质回馈。当然，这只是基础部分，更多的个人收益则是在奖金部分。

(2)这样做也是公司把工作做在前面。避免有些员工会对公司要求自己所做的事情产生一些抵触情绪。

员工奖金设置的关联因素

绝大多数公司员工的收入结构是基本工资加奖金的形式。一般来说，基本工资的设计要简单些，而奖金所涉及的因素较多，设计起来要复杂些。若是设计不当，会影响员工的工作积极性；或是出现漏洞，被某些心术不正的员工钻了空子等。

在进行具体的奖金制度设计之前，笔者建议老板先应要把奖金的一些基本原理、功能设定、设计方向、相关因素都理解明白，以作为奖金设计中的方向确定和理论支持，在此基础上再进行具体的奖金细节设计。

1. 老板和员工怎样看待奖金

同样是奖金，公司的老板和员工对其看法可不是完全一样的，是存在理解不对称的。

从老板的角度来看：

(1)奖金是正面的激励，鼓励员工更多更好地完成任务，是对员工付出回报的肯定。

(2)员工上班是为了收入，奖金给的力度越大，员工的干劲就会越足。

(3)老板不怕奖金给得多，奖金发得越多，说明员工业绩越好，公司也就赚得越多。理论上来说，员工奖金是可以无限提升的。

(4)在一些利润高的高端产品上，公司还会给出更大的奖金提成比例，鼓励员工尽量多卖这些高利润的高端产品，这样员工自己也赚得更多。

可是，老板与员工之间的理解往往是不对称的，员工有时候是这样想的：

(1)无论当前公司的奖金比例如何，听说××公司，奖金比例给得更高。

(2)无论奖金比例给得多高，一定是员工先干活，奖金后兑现。也就是说，所有的奖金承诺在某种意义上来说都是空头支票，中途会不会有变化？兑现会不会打折扣？老板的承诺可靠吗？这一系列的问号，老板们并没有清晰的解释或是事实证明。

(3)虽然高端产品奖金提成更高，但是这往往也说明这个产品不好卖，如果好卖的话，老板不可能给这么多奖金的。

(4)即便奖金能拿到手，老板也不怕员工拿得多，但不排除有些小心眼的员工会想到另外一个方面，“我拿得多，老板岂不赚得更多？相比之下，我才拿个零头而已。”

(5)理论上，员工的奖金收入是无限可提升的，但身边的实际情况也就摆在这里，理论情况与实际情况还是存在巨大差别的。

2. 奖金的技术配套

设置奖金的目标是促使员工更好地工作或是得到更高的工作成果，但是，员工工作效率或是工作成果是由其工作技术和工作态度两个因素共同作用的，奖金充其量只能解决员工工作态度的问题。公司给再多的奖金，也无法解决员工工作技术提升的问题。

所以，公司在进行奖金设置的同时，为了帮助员工在技术层面达到目标，还要有同步的技术支持，尤其是一些高端新产品的销售活动中，更需要配套的技术支撑。否则，员工因高奖金带来的工作热情，会因频频出现的技术难题打消掉。

3. 奖金的兑现

奖金钱多钱少是一回事，兑现速度的快慢是另外一回事。一般来说，越低级别的员工，越讲究奖金快速兑现。一般来说，普通员工对远期奖励的最长兑现期不超过三个月，最好是能快速兑现，越快越好。而大多数公司的远期奖金往往是年终奖，一年才兑现一次，并且还会经常出现拖延发放的情况，这样直接会损伤员工对长期奖金的信任度，也就减少了奖金对员工的激励作用。

在笔者的公司里，员工早上 9:30 业务会议上提出的合理化建议，中午 12 点前，对应的合理化建议奖金就到员工自己的账户上了，员工也会收到短信提醒。事实证明，这种快速兑现可以有效激励员工的创新热情。

4. 奖金的个人收入样板

无论公司老板给员工的奖金比例有多高，力度有多大，要想让员工接受和信任，得要有个基本的前提，就是有现实证明，有个榜样。即有人真正拿到过这个奖金。

若公司里确实有员工曾经达成过目标，也领取了所约定的奖金，也就有助于打消其他员工的疑虑。

5. 奖金是作用点

奖金的作用基本可以有两个方面：一方面是公司肯定员工以前所做的工作成果，另一方面是鼓励员工以后的工作热情。在市场稳定、产品成熟、系统成熟的前提下，奖金更多的是肯定员工以前的工作成果。而在产品竞争激烈，新品刚启动市场，操作技术尚不成型的情况下，奖金则要更多地体现鼓励员工后面工作的热情上。

6. 是“保钱”模式的动力大，还是“挣钱”模式的动力大

这里所说的“挣钱”模式，就是公司设定目标，然后告诉员工实现这个目标就会有相应的收入。而“保钱”模式，则是先让员工得到达成目标的好处，然后再根据员工的工作情况相应删减所得收入。

从员工个人的实际感受来说，在“挣钱”模式中，公司设定的目标自己是否能够达成？达成之后是否能拿到对应的奖金？对这些问题存在疑虑。因此工作动力方面难免受到影响。而若是“保钱”模式，自己已经看到了收益，甚至拿到手了，而老板又要拿回，那肯定是难以接受的，这样，员工往往会为达成业绩目标而更加努力。

“挣钱”模式，是向一个尚不确定的目标进发；“保钱”模式，是保证现在已有的收益。谁的动力更大，不言而喻。

销售/业务人员工资的设计概要

销售/业务人员的收入主要靠奖金，那么，公司对销售/业务人员的奖金怎么发，直接关系到销售/业务人员的工作状态和业绩产出量，甚至是流失率。在员工的薪酬体系中，首先设定的是基本工资，其次就是奖金。

首先，我们先来看看一些公司当前常用的设定模式：

(1)在工资构成的总体占比结构中，尽量调低基本工资额度，放大奖金的比例，即低基本工资＋高奖金提成。

(2)以销量即出货量或是回款金额作为员工奖金的主要考核指标。

(3)在考核制度中，也会针对员工的工作态度、内务情况、遵章守纪情况、客户管理等方面有一些考核，但占比不大，大多作为辅助考核指标。

(4)在年度规划中，销售/业务人员的奖金收入，除了月度发放以外，多少还会预留一些，作为年终奖金发放。

之所以这样设置，一般是由老板的主观意识决定的。老板们往往认为，自己花钱请销售/业务人员，主要任务就是让其负责销售工作，自然要以销量作为考核的重心所在，于是一刀切地考核业绩；多劳多得，只要员工销售业绩完成得好，收入自然也不会差。当然，老板们也知道，有过程才有结果，也会要求员工做好相关的基础工作，诸如客户档案资料整理、客情关系维护等。不过，绝大多数老板不会针对这些过程动作进行经济奖励，因为老板们认为，这些工作本来就是销售/业务人员该做的事情，做好这些基础工作，最终的业绩和个人收入才有保障。

站在员工的角度，要想完成业绩却不是那么容易。一大堆想到或是想不到的困难会摆在面前，有些是技术问题，有些是客户问题，有些是历史遗留问题，有些是公司的方向和策略问题，有些是产品问题，有些是竞品的问题，当然还有自己本身的问题……

当员工刚入职的兴奋感和激情消退后，面对这一大堆的困难，若是公司领导没有及时给予沟通疏导，或是给予技术层面的支持，员工的状态就会持续低沉，惰性会滋生膨胀。再加上其他一些消极因素，员工很快就会陷入一个恶性循环：想增加业绩困难多，业绩奖金没指望，干脆省省力气，偷偷懒，甚至是违反纪律夹带点私货卖……若是公司、老板盯得紧，或是利益刺激足够大，个别业务人员还能通过一些别的办法，来实现业绩的完成，当然，这些办法是建立在透支下游客户对公司信任的基础上，后期会给公司带来更多的麻烦。

作为老板要明白，业绩不是在业务人员身上产出的，而是在下游客户身上产出的，公司对下游客户的建设与管理工作不到位，就不可能有好的业绩产出，公司再怎么对销售/业务人员施压也没什么用。也就是说，作为老板应该先把下游客户的管理工作做到位，确保客户的数量、分布、档案、客情关系、往来业务流程等指标处于正常或是合理状态，在此基础上再来对业务人员提出业绩任务指标。

可是，在当前绝大多数的中小型私营公司里，对下游客户的管理工作普遍不到位。不说分布合理性、档案、客情关系、往来业务流程这些因素了，有些公司甚至连有多少个客户都不知道。在这样的基础条件下，公司要求销售/业务人员完成业绩指标，甚至鼓励业务人员超额完成任务，恐怕就是老板的一厢情愿了。当然，也有由于公司发展速度快，很多客户管理问题被掩盖，导致老板看不到问题所在的情况。

公司所设定的利益导向与业务人员所面临的实际问题出现了矛盾。从客观角度来说，是因为老板没有理顺过程与结果之间的关系，也没有先把客户的管理工作做到位，直接跳到对员工工作结果的要求上。于是，即便老板开出了很高的奖金标准，业务员也拿不到，奖金也就没起到应有的激励作用。

针对这种问题，笔者提出以下解决观点：

(1)公司要有整体运营指导思想，不能只看眼前，要有整体观念和从长远考虑。

(2)理顺工作过程与工作结果的基本关系，销售工作其实没有太多的捷径，要一步步地来。

(3)不能坚持先赚到钱再投入的思维模式。确定有产出回报的项目可主动先行投入。

(4)公司业绩的产出，不在业务人员身上，而是在客户身上。或者说要先抓客户再抓业务人员。

(5)在考虑员工的待遇问题时，老板不能总是从自己单一的主观角度出发，要换位思考，结合员工的思维模式。

具体的解决方法有以下几种：

1. 先评估分析

即老板对公司当前的客户管理状态进行评估，具体指标有：

(1)客户的总数量；

(2)客户的地理分布情况；

(3)客户类型等级的划分及各自的数量占比；

(4)各类型客户的档案(重点客户需要建立更为详细的档案)；

(5)各类型客户的历史进货量；

(6)各类型客户的回款情况；

(7)各类型客户的退货情况；

(8)公司产品在客户公司总产品群中的平均占比；

(9)公司与各类型客户的历史客情工作汇总；

(10)公司与各类型客户的当前平均客情(重点客户需要逐个说明)；

(11)在与客户的往来过程中，当前所积存的各类历史遗留问题；

(12)在与客户的往来过程中，各类型工作事务的执行流程；

(13)在与客户的往来过程中，各类风险事故的预案和应对流程；

(14)空白网点的开发；

……

将上述这些指标汇总下来，就是当前公司的实际客户管理状态。若全部达标，每项都到位，那是最好不过。但以当前中小型公司的业务管理水平，能全部达标的情况并不是很多。

2. 明确工作方向

若通过汇总分析，发现当前的客户管理系统尚存在许多问题或是空白点。这些就是公司业绩提升的障碍点所在。只有把这些障碍点逐步排除，才能从根本上提升业绩。否则，公司只靠施压于业务人员，是无济于事的。

3. 调整工作内容

做好过程才有好结果；管理好客户才有业绩的持续产出。公司在明确客户管理工作存在诸多问题后，应调整业务团队的工作重心，集中人力、物力，用在客户管理体系的改善上，该补的空白点补上，历史遗留问题集中清理处理，客情关系开始修补加强，客户档案资料开始完善，业务流程进行健全等。老板不要只把注意力都集中在业绩上，没有这些客户管理工作作为基础，业绩是提升不上来的。

4. 奖金方向的调整

公司既然要求业务人员集中精力来完善客户管理工作，那么就得有对应的考核方式。考核指标得要集中在相关的客户管理工作上，对于业绩，可压缩考核的占比，甚至有时候可以考虑临时性的取消。

5. 保持动态比例调整

公司要集中精力在客户管理工作上，并在考核指标上有所对应，是强化业务人员对此观念的认知，只有做好过程，才有好的结果。对于当前客户管理状况较差的业务人员，公司可以将考核指标更多地侧重在客户管理工作上；而对于客户管理较好的业务人员，则可逐渐调整客户管理考核与业绩考核之间的比例。只有在客户管理工作做好的前提下，才能把考核重点放在业绩上。当然，也要保留一定的客户管理考核指标，以免员工松懈。

6. 投入与产出

也许有的老板会担心，员工都去抓客户管理工作，公司不要求他们的业绩指标，销售业绩上不来怎么办？这里有几点是需要老板明白的。

(1)若完全要业务人员去盯着才能出业绩，这样的公司销售系统是非常脆弱的。公司良好的销售系统应该是向着半自动化的方向发展的，即便业务人员在忙其他的事情，整个销售系统也能保持基本正常的运行状态。

(2)做好客户管理工作，把历史遗留问题清理干净，让公司的客情得到改善和加强，与客户之间的业务流程更加全面和清晰化，这都是在为业绩提升而加分，每一项都是为了提升业绩。因为客户管理的过程与业绩产出的结果是紧密相连的。

(3)即便因为业务人员把精力花费在客户管理等过程性工作上，业绩有所影响，也是短暂的，很快就会恢复，并且会更加健康更加高效。磨刀不误砍柴工。

(4)考核业绩，奖金是完全花在业务人员身上的；考核客户管理工作，奖金其实是花在了客户身上，花在了老板自己身上的。

严格来说，在消费品行业，九成以上的中小型公司还没达到可以完全以业绩为主要考核指标的阶段。因为，目前多数中小型公司的客户管理系统都落后于总体业务规模。过程没做好，客户管理系统存在大量的问题，导致客户配合度差，合作中存在经常性的怀疑、抵触、抱怨等情况。这不仅仅是业绩提升难，还会导致新产品推广难度大，回款难度大，给竞争对手留出更多的切入机会等状况，整盘生意处于带病运营的状态。在这种情况下，老板仍然使用结果导向的考核模式，无视客户管理中存在的种种问题，一个劲地要求业务人员出业绩，虽然也明白客户管理的重要性，但总是觉得抽不出时间，市场等不起。其实，越拖下去，解决起来的成本就越高，并且，公司规模做得越大，风险就会越大。但总之，这些事情最终还得靠业务人员去落实。公司奖金的设置取向，也就很大程度上决定了业务人员的工作方向与内容。

物流配送人员工资的设计概要

本书所说的物流配送人员，指公司专门从事商品配送的员工，其工作范畴一般包括将指定商品从仓库出库、押车（或是需要自己开车）送往客户处，有时还需承担终端维护、货款回收等工作。

一般来说，公司配送人员并不负责产品的前期销售工作，例如与客户的前期沟通、产品推销、获取订单等，配送人员只执行销售后的工作，例如配送及收款等。配送人员的业务量往往取决于前端业务人员，或者说配送人员是为业务人员提供配套服务的，不独立产生溢价能力，也不需要多少的创造力。所以，有些老板就以固定的薪酬模式来给配送人员发工资。但这样做，虽然薪酬的考核发放工作简单了，但很容易导致配送人员的工作积极性下降，继而出现配送效率下滑，在客户面前的服务态度难以得到保证等情况。若是公司简单地提高配送人员的工资收入，一方面会增加人事成本，另一方面也容易影响业务人员的情绪，“费尽口舌说服客户，还不如当个配送员，按单送货就行了。”那么，在控制人事成本的前提下，又该如何来给配送人员核算薪酬呢？

1. 设计浮动工资体系

取消简单的固定工资制度，采取底薪和浮动奖金合并的办法，以调动配送人员的积极性。为平衡与业务人员之间的关系，将配送人员的总体工资水平控制在业务人员 60％～70％的幅度较为合适。

2. 浮动奖金的核算

公司配送人员的工作一般涉及业务、仓库、客户等几个方面，那么对配送人员的考核也得从这几个角度来进行，并且是由这几个方面的代表来进行考核。公司每月在进行奖金核算时，首先由销售/业务人员对其进行打分，根据销售/业务人员对其相关配送工作的完成质量进行打分，然后再由仓库工作人员对其进行打分。为什么让仓库的工作人员参与，这是因为配送人员每天都要与仓库打交道，与仓库人员的沟通和信息传递很重要。若是两者之间的信息传递和沟通不到位，很容易出现仓库前期准备不充分，出货速度慢，货物搬运损耗大等状况。至于外部客户，可采取抽查访谈的办法进行，每次抽查二到三位客户，公司以电话的形式向其了解相关配送人员的服务质量及态度即可。最后，把这几项的评分意见集合在一起，综合核算出该配送人员的总体工作状况，核算其浮动奖金。

3. 增设额外奖金

有些老板认为公司聘请配送人员就得找不太精明的人、不需要有创造力的，其实，这种想法是完全错误的。每位员工都有创造力，而员工的创造力是公司的宝贵财富。配送人员每天往返于仓库与客户之间，工作在一线，完全有办法来提升配送工作的效率。只不过，这就要看配送人员有没有兴趣，愿不愿意来研究这项工作了。当然，这个兴趣还要通过外界的物质刺激来产生。作为老板，可以考虑针对配送人员设置相关的创新奖项，如在配送路线优化、客户库位掌握、仓库提高出货速度、降低装卸损耗等方面，鼓励配送人员发挥自己的聪明才智，促进配送工作的效率提升。除此之外，有些配送范畴之外的工作也可以鼓励配送人员参与，例如在市场调查、新产品推广、促销活动设计等方面，欢迎配送人员提出自己的看法。对一些有价值的建议，公司考虑给予其相关的奖励。当然，这个奖励是对所有员工开放的，若是销售/业务人员在这方面有所贡献，一样也可以拿到这个奖励。

4. 工资发放形式

公司配送人员大部分赚的是力气钱，这反过来也说明许多配送人员的家庭背景和个人学历较低，配送人员的经济压力较大。一些中小型私营公司的财务监管不到位，可能会留出许多“机会”，个别配送人员可能趁此钻空子，这自然会导致公司的内耗。此类事情，只能从预防的角度解决，例如，针对配送人员家庭经济压力较大，常常出现等着钱用的状况，公司可以考虑把配送人员工资拆开发放，如每月发两次工资，基本工资一次，奖金一次，以缓解配送人员的经济状况，不用等到一个月才发一次。

5. 如何提升配送人员的服务态度

配送人员每天都要直接面对客户，销售/业务人员辛辛苦苦谈下来的客户，可能因为配送人员的恶劣服务态度而毁于一旦。所以，要想员工服务好客户，公司就得首先服务好员工。针对配送人员的工作特性，可以安排一些服务措施，例如夏天发放防暑降温品，冬天发放保暖用品，再根据配送人员的工作状况配发相关的劳保用品。同时，还可以考虑增加一些适合配送人员的内部竞赛活动，例如快递装车竞赛，最快找货速度竞赛，最佳配送路线设计等，一方面帮助配送人员锻炼身体，另一方面也是增加配送人员的工作乐趣。

6. 工作监督

从管理的角度出发，公司对配送人员的必要监督还是要有的，总不能全部指望员工的高度自觉吧，同时，配送工作中所涉及的意外状态较多，例如路上堵车、车辆故障、客户不在家、客户没有钱等情况。这些意外状况也很容易成为配送人员磨洋工或是偷懒的借口，“反正出门在外，脱离公司老板的视线，配送人员究竟在干什么，老板也不知道”。所以，公司必要的威慑力还是得要有的。作为公司，可以考虑采取不定期跟踪的方式，来监督配送人员的工作质量。所谓的不定期跟踪即是老板不定期地跟踪某位配送人员，了解其实际工作状况，至于具体哪天又是跟踪哪位配送人员，则由老板随机选择。

除了上述几点之外，公司还要考虑对配送人员的发展空间进行设计。一般来说，配送人员的上级发展空间即是销售/业务人员。作为鼓励员工进步的一种措施，公司可以考虑在配送人员群体中定期选拔部分综合素质和能力较强的员工，提升其为销售/业务人员。

财务人员工资的设计概要

公司的老板做生意，除了赚钱外还得要管钱。一般在私营公司里，赚钱的责任主要落在老板身上，而管钱的责任则主要由老板娘负责。但随着公司规模的日益扩大，财务系统也会跟着复杂起来。无论从精力还是专业方面，老板娘都有些力不从心，这就需要外聘财务人员，尤其是在一些具体操作类的工作岗位上，例如出纳、开票、收款等。这些工作内容简单但烦琐，老板娘亲力亲为就不太合适了。不过，请人容易用人难，外聘财务人员进来后，公司具体该对其如何管理，对财务人员的工资奖金应该如何设计，如何发放，如何监督，则又成为公司一个新的问题。

一般来说，小公司的财务人员这一岗位本身没有溢价功能，也就是说他们不会像销售/业务人员那样能帮着公司赚钱，其工作是帮助公司把账算清楚，工作上不出偏差和错误。但是，与销售/业务人员有区别的是，财务人员需要一定的专业技能，例如账目建立及管理、票据管理、数据统计及分析、银行对接业务等。在一些特定的岗位上，还需要相关的资格证书。同时，财务部门属于后勤部门，是为销售部门、管理层提供服务的部门。在很多中小型公司里，财务人员对管理层的服务意识和态度还是不错的，老板平时要的资料、数据，很快就能报上来，不过这仅仅只是对管理层，在一些公司里，财务人员对销售部门人员恐怕就没有这么客气。受一些传统思维的影响，许多财务人员并没有把自己定位成后勤服务人员，而是将自己看成管理者，是拥有对票据报销、费用审核权力的管理者，所以一些财务人员对销售部门的业务人员就没有什么好脾气，态度往往也就生硬些。并且，他们会认为一些业务人员不按照公司的制度和流程办事，影响工作效率。而作为业务人员，在一些工作上又认为财务人员太死板，缺乏应有的灵活性，更体会不了业务人员在外面的辛苦，该给客户的福利也不能顺利报销。以上这些问题的产生，归根结底是因为公司没有明确财务人员的职能。

公司在进行财务人员的薪酬体系设计前，老板首先要明确财务人员的职能。

财务部门属于后勤服务部门，财务人员应被定位为内部服务人员。在合理的范畴内，财务人员应该对业务人员提供应有的支持和服务，对一些不合理的费用和虚假票据要坚决抵制和上报。

具体来说，财务人员必须承担以下职能：

(1)保持对业务人员的财务知识培训和提供相关咨询，为业务人员提供财务方面的工具手册和指导意见。

(2)按照相关规定，对单据及费用进行报销处理。

(3)确保公司的财务安全，监督各类在外应收账款，及时提醒、督促业务人员的收取工作。

(4)通过财务角度不断地为公司节约成本；财务人员创造不了利润，那就帮公司老板守住利润。

(5)不断优化公司内部的财务规章和流程，实现与业务体系的高效对接。

(6)不断增进对业务工作的了解；公司要让财务人员明白，他们的工资都是这些业务人员的流汗水挣回来的。

公司对财务人员在岗位设置和薪金设置方面，可参考以下几点内容。

1. 财务人员的岗位设置

可以将财务人员分开设置，将其分为专业财务人员和服务性财务人员。

专业财务人员的任务是做账，进行财务筹划，与税务管理部门对接等；公司对他们的考核完全是可以量化的。专业财务人员对专业技术要求较高，工作上自然更为严谨些，一般来说，他们不面对员工。相对来说，他们的工作特点不太好与业务人员相处，这类专业性财务人员，只面向公司的老板，直接接受老板的管理。

另外一种是服务性财务人员，他们是面向业务人员的，他们的工作是负责具体的回款、开票、单据处理等工作，日常与业务人员打交道。在不违反财务纪律的前提下，以服务的姿态来面对业务人员。业务人员每天在外面都要服务好客户，所以，在公司内部，得有人来服务他们，给他们以支持。以推进业务人员的工作，提高工作效率。

2. 薪酬结构

在薪酬结构方面，公司要考虑财务人员与业务人员的区别，业务人员的薪酬设计要起到激励作用，而财务人员的薪酬设计则要突出保障作用，给财务人员以稳定感，这样财务人员才有心思对业务人员开展服务工作。财务人员的底薪和浮动奖金的比例宜控制在七比三，即底薪占据全部收入的70%，浮动奖金占据30%。

3. 底薪的基数

财务人员的工作封闭性相对于业务人员来说较强，与其他公司财务人员接触的机会也较少；但在公司内部，一些财务人员也会经常与业务人员比较收入状况。业务人员的浮动奖金收入虽然较高但可变性强，一般来说，财务人员不会能接受这种忽高忽低的收入，情愿自己的工资收入较为稳定。所以，将财务人员底薪的数额控制在业务人员底薪的 1.5 倍较为合适。

4. 浮动奖金

为了督促财务人员做好本职工作，其工资结构的设置要有一定的浮动奖金，但财务人员不直接产生绩效，尤其是服务型财务人员，是以服务业务人员为主。所以，服务型财务人员的考核标准主要是以业务人员的满意度作为标尺。财务人员对业务人员的服务态度和质量决定了其浮动奖金的状况，而非当月的销售业绩或是利润状况之类。

5. 人员考核

专业型财务人员主要面向公司的老板，考核方面可以直接由老板来决定；而服务型财务人员则要同时面对公司的老板、业务人员和外部客户三个方面，所以对其考核也得由这三个方面来决定。业务人员每月可以给相关的服务型财务人员评分(采取无记名投票的形式进行)；客户考核方面，可以每月抽取几位客户，让其对服务型财务人员进行评分；最后，老板再根据自己的判断，综合来核定服务型财务人员的奖金以及职务调整状况。

6. 内部服务的细节

有时财务人员会抱怨业务人员不遵守财务纪律，如票据的张贴不规范，不按照既定的报销流程走等。其实，在这些问题上，财务人员自己是有责任的。作为后勤服务人员，财务人员完全有义务培训业务人员如何正确填写报销单据，还需要把相关的报销单据制作成样表，供业务人员参照填写。同时，关于报销流程，财务人员也应该把相关的流程以图表的形式制作出来，直观地展现给员工，决不能简单地把报销单据直接退回给业务人员了事。以上这些工作有没有做到位,也是考核财务人员的标尺所在。

总而言之,财务人员的工作态度会影响到业务人员的情绪,而业务人员的情绪又直接影响到其工作的积极性;同时,财务人员的服务状况又会直接影响业务人员的工作效能。若是财务人员的工作态度和服务质量问题不能很好地解决,将会导致财务人员与业务人员之间的摩擦和冲突,从而出现内耗,导致公司整体绩效的下降和成本的增加。

员工年终奖的设计概要

春节不仅是个团聚的节日,欢乐的节日,还是个收获的节日,公司里,无论是老板还是员工,在这个时节都会盘点收获。当然,公司具体盈利了多少老板心里自然是很清楚的,而员工们只能是揣测,都在企盼中等待着发奖金的日子。

按照传统习惯,年终的奖金收益也是员工心目中最大的一部分收益,也是每年年底公司、老板要花不少精力来考虑安排的事。对老板来说,虽然这是个花钱图大家开心的事,但这钱要是花得不妥当,反而会招致员工的不少抱怨,给公司平添出不少麻烦。因为年终奖金不公平而愤然离职的员工不在少数。

那么，年终奖金怎么发放才算是较为合适的呢？

1. 切忌扣压奖金

为了保证员工的稳定性，一些老板会把心思花在员工的年终奖发放上，做出一些让员工不满的事情，如，扣压或是延迟发放其年终奖，打算以此来稳定员工的流失问题。其实，这不但解决不了问题，反而会导致更多的新问题出现。扣住了钱不代表就扣住了人，若是第一年被老板扣压了年终奖之后，员工必定是心存不满，一些员工会消极怠工，闹点情绪，发点闹骚，还有一些员工从表面上看没问题，但往往会自己悄悄地动手，把被老板扣压的钱从别的地方弄回来。在整个营业系统中，员工在一两处环节做点手脚，套取点现金走人，老板也很难查出来，因为财务、仓管及稽查系统的不完善是绝大多数中小私营企业的通病。这里有个简单的计算比例，员工通过不正当手段每拿走公司一块钱，公司的实际损失至少是三块钱。所以从安全角度而言，即便不发年终奖给员工也比扣押员工的年终奖要好些。

2. 配发一部分实物

钱是钱，实物是实物，公司多发一百块钱和多发两箱苹果给员工在心理上的感觉不是一回事。配发实物更会给员工的家人带来别样的感觉。在年终奖的预算中，可以考虑单独拿一部分出来购买一些实物发放给员工。当然，绝对不能向员工说明这个买实物的钱是在奖金预算内的；且实物要先发，隔几天后再发奖金。这里面有个小技巧，一般员工在收到实物后，往往会想着既然发实物了，可能就不发奖金了，所以对奖金金额的期望值会直线下降，甚至会产生“多少发点也行”的想法，这时候公司再宣布发奖金，员工的心理很容易得到满足。

实际情况中，奖金是永远无法达到员工的期望值的，如果先发奖金，不管奖金的数额是多少，员工可能都会嫌少，即便随后再发点实物也是无济于事的。一前一后，里面的效果就会大不一样。

3. 当面发奖金

现在有许多老板开始学一些大企业的奖金发放形式，单独发放，其实这个办法并不适合中小型私营公司。在小公司，单独发放奖金，员工会对老板以及其他同事产生或多或少的猜测对比，因为员工永远觉得自己拿少了，别人拿多了。与其这样，还不如直接召集所有员工公开发放，可以减少不少问题和隐患。

4. 回顾员工贡献

在进行员工的奖金发放后，老板应抓住这个大家情绪高涨的机会，进行一番思想引导工作，回顾每一位员工在这一年中所做出的贡献和努力，并大力表彰，这样做至少能缓解一些现金奖励上的不足。要着重对一些提出过意见和建议的员工进行特别表彰。员工能给公司、给老板提出意见和建议，至少可以证明这个员工是在用心做事，也是在维护公司利益。虽然许多意见和建议没有办法得到实施，但员工积极向上的态度是值得保护的，哪怕只是在语言上的肯定，也表明公司、老板还是很重视员工的意见和建议的。

5. 考核标准不能只抓业绩

业绩是公司考核员工最常用的考核标尺，甚至非业务部门的岗位考核也要挂上业绩，因为老板认为公司就是靠业绩吃饭的。但是，这种唯业绩的考核模式，往往会导致业务人员只顾着冲业绩，而放松一些基础建设类的工作。诸如对新客户的开发，现有终端网点的质量建设，客情关系维护，工作方式创新等。老板没有把这些列入考核指标，员工自然也不会过多去关心。

可是，长期放松对基础工作的建设与跟进，必然会导致整个销售网络的运营质量越来越差，最终会在应收账款、新品推广效率、单店事故率等方面体现出来。没有好的工作过程，就没有好的结果。所以，在考核标尺中，应该将这些基础建设类的过程工作也纳入考核指标，引导员工在这方面有所侧重。

6. 算清员工的成本和损耗

前面说了，在年终奖核算时，老板得要回顾员工对公司的贡献。不过，员工在为公司创造价值做贡献的同时，也在消耗公司的资产，甚至还有个别人是浪费公司的资产。作为老板这个账也要核算清楚。

在这方面可以划分两个标尺，一个是员工在正常工作情况下，所消耗的各类公司资产，例如车辆费用、市场费用、应收账款积压导致的利息成本、个人报销的差旅费、客情费用，乃至均摊的办公室运行费用等。还有一个是因为员工个人的工作能力不足或是违纪，导致的浪费和损失，诸如送货错误、与客户发生纠纷、未有效执行公司指令等方面带来的公司资产浪费及损失等。

当然，这个账算出来，并不是要员工来承担，而是给员工一个明白账，引导员工全面地看待自己的工作，不要总是关注自己为公司创造的业绩，也得清楚给公司带来的成本和浪费，从而在一定程度上拉低对年终奖的过高期望值。

7. 不能只发给员工一个人

常规的年奖金发放模式中，奖金自然是直接发放给员工本人，不过，员工拿到多少钱，家人又会怎么看待这个年奖金（大多数会进行行情对比），那就不好说了。

此时，公司可以考虑换个模式，即把年奖金发给员工全家！可以将奖金拆分出一部分现金，指明是给员工的家人；或是进行钱物分开，钱给员工，东西给家人。从实际效果上来说，同样的钱，发给员工家庭（家人共享），要比发给员工一个人，总体效果要好多倍！

8. 设置一些全新的奖励项目

对于传统的考核模式，员工心里都很清楚，并且已经大概掌握了行情与计算模式。所以一般来说年奖金怎么发，并不会给员工带来多少意外。这里，公司可以考虑建立一些全新的奖励项目，超出员工想象之外的，而且是能有效检测或是促进其工作质量的。

关于涨工资

无论老板愿意还是不愿意，员工工资水平是一直在上升的，涨工资势在必行，问题是：

(1)怎么涨？

(2)涨多少？

(3)全部员工涨还是个别员工涨？

(4)如何平衡涨多涨少的问题？

(5)涨了工资之后，对应的员工产出在哪里？

作为老板，大多数是不喜欢给员工涨工资的，因为这关系公司成本的问题，老板恨不得要压缩编制：再有，一些员工的工作水平并不高，产出也有限。所以，老板认为涨工资的事情不急，员工应该先把手头工作做好，端正工作态度，先把业绩做出来，先有成绩再提待遇。

不过，员工可不是这么想，一是一些员工总会觉得自己的工资少(尤其是在对比其他公司的时候)，工作要保质保量，着实有些勉为其难。二是在常规的涨工资模式中，得要由老板来主导，涨工资的权利自然在公司老板手里。一般是以年度为单位来调整员工工资。具体的调整导向，往往是以员工的工作质量和产出为主。

总而言之，这就形成了一个矛盾，老板在等员工先好好干，然后再给涨工资；而员工在等老板先涨工资，然后再来好好干。

客观地来看，老板和员工的关系是一种交易关系，有付出，有回报，双方应建立一个共同认可的计算标准，把账算在明处。科学合理的机制，才能有效维持合作关系，同时，应减少猜忌，避免无谓的等待和内耗，以及对员工情绪的影响。

工资的主导权在老板手里，老板得要积极看待涨工资对公司的正面促进作用。在工资额度有上升之后，在新员工招聘、促进员工工作积极性、稳定在职率、更高工作业绩产出等方面也有对应的收益。在这里对公司来说，应先明确一下关于涨工资的一些基本原则：

(1)有整体规划；

(2)有客观的工资水平作为基准；

(3)有前期调研；

(4)老板主动加，而非被动；

(5)加工资的标尺清晰，公开透明；

(6)正面导向，有利于员工的导向；

(7)一年多次；

(8)形式多样；

(9)转移"不加工资"的矛盾和抱怨。

而在具体的执行层面，公司得要有以下几点做支撑。

1. 对应的工资水平是基准

老板觉得员工的工资不少，员工却觉得工资少。双方之间很容易产生矛盾，正确的做法是，公司应将当地的薪酬水平作为一个客观的基准，以此来衡量员工工作的多与少。可以通过当地的人力资源与社会保障部门官网或大型招聘机构网站，调出当地相关岗位的工资行情数据，以及年度薪酬涨幅指数，可在公司内部公开，作为员工工资基准所在。

2. 进行内部调研

涨工资的事也不能完全是老板一个人说了算，得要听取一下员工的意见，至少在形式上要听取。每个年度，公司可以进行一次内部的薪酬调研，用表格问卷形式，人人可以不记名参与。薪酬调研的时间点可以安排在一个薪酬较为低迷的时间点(例如销售淡季)。

调研问卷可参照以下内容：

1. 在上个年度个人的实际收入总额为________元。

2. 在上个年度，计划实现多大的个人收入增幅________%。

3. 在上个年度，计划实现的个人收入总额为________元。

4. 在上个年度的个人总收入中，个人净得现金收入能占到总收入的百分比为________。

5. 固定的基本收入与浮动的奖金收入之间，比例定为________较为合适。

6. 基本工资和考核奖金是合并在一起发，还是分开发放？________

7. 员工的业绩考核是侧重过程（执行力）还是侧重结果（实际产出业绩）？________

8. 在个人收入增幅的构成因素中，个人因素与公司因素分别占几成？________

9. 在提升个人收入的过程中，在个人能力技术提升方面，自己有哪些打算？________

10. 各类补贴类津贴如手机费、交通费等，是分别核定额度后凭票报销，还是合并直接确定津贴总金额？________

11. 基本工资的发放频次是半月一次，一月一次，还是两月一次？________

12. 业绩及考核奖金的发放时间频率，是每季度一次，每半年一次，还是一年汇总发一次？________

13. 工资的发放形式是直接发放现金，还是打到个人微信以及银行卡上？________

14. 公司有奖有罚，员工的哪些行为和现象必须要受到罚款？________

15. 关于各类现行的罚款制度，相关罚款是当时交纳，在当月工资里扣罚，还是集中在年度汇总核算？________

16. 关于个人的工资额度调整，是个人主动申请，还是等公司安排？________

17. 若是个人主动申请工资调整，每年给予几次申请机会为宜？________

18. 个人收入的所得税部分，是个人上交，还是公司代为上交？________

19. 在工资之外的福利安排，员工希望有哪些内容？________

20. 关于个人工资的数目，员工希望公司进行保密，还是可以在一定程度上公开？________

21. 对于员工工资的预支，你认为要具备哪些条件才可以？________

3. 从被动到主动

在传统的涨工资中，员工更多的是主动，而公司则是被动的。有些时候，员工要通过消极怠工、口头申请、辞职等形式，来“逼迫”老板涨工资。

作为老板，得要从被动变为主动，无须员工开口，老板主动来安排给员工加工资。

4. 一年多次

一般来说，很多公司为员工加工资，一年只有一次。在这里笔者建议可以改为多次，如一年两次、半年一次或是一个季度一次等。缩短工资调整的时间间隔长度，提供更多的工资提升机会，避免员工长时间的等待导致的工作懈怠。

在加工资这件事情上，大多数员工会一直等待，不好意思主动提，等着公司、老板来给加工资。这种遥遥无期的感觉，会损伤员工的工作热情。一年若是有多次涨工资的固定节点，员工就会有个盼头。到点就能提报，甚至这个月做得不错到季度末就能提出加工资的申请。

5. 形式多样

公司涨工资，可以有多种形式：

(1)增加基本工资；

(2)增加奖金的提成比例；

(3)增加某项费用的报销额度；

(4)增加新的奖励项目等。

6. 员工自行提报

公司传统的涨工资是老板来安排，而现在，笔者建议公司改为员工自行提报老板审批的模式，即员工主动来提出加工资的申请：

(1)书面形式；

(2)陈述加工资的理由；

(3)提出加工资的形式；

(4)提出加工资的额度。

之所以让员工写书面的说明，是因为在传统的加工资模式中，更多是员工口头或是通过某个行为（离职）来申请。这种形式在表述时更多的是感性因素，且缺乏从客观角度进行量化分析。而写出来的内容，则是相对理性的，白纸黑字，员工总得要有些实际工作量凭据，量化指标。且这种形式是固化的，一些不实的内容都没法撤回。

员工用书面形式将自己的工作情况写出来的时候，自然就会整理出自己究竟有哪些地方进步，有哪些成就，工作质量究竟如何，或者是自己出了哪些问题等。真有成绩的自然可以清楚地表述，没有成绩的自然是无从下笔。

公司也可以通过内容设置并以表格的形式表现，引导员工客观看待自己的实际工作价值，对公司的实际贡献。同时，这也是在引导员工找到自己的薪酬增长点，员工做好哪些事情就能提升自己的待遇。

公司可以给员工提供一个涨工资的表格申请单，主要内容设置可以包括以下一些内容：

（1）入职时间、入职岗位、当前岗位。

（2）业绩完成情况。

（3）过程工作执行质量，诸如，产品结构、铺货率、客户档案建立、客情关系、陈列、SKU出样数量等。

（4）年度创新项目，合理化建议。

（5）工作效率的量化提升情况。

（6）未来一年的工作目标与规划。

（7）近期的培训学习及成绩。

（8）对其他同事的经验技术分享。

（9）独立承办或主导的项目。

(10)发生的各类事故及处理情况。

(11)申请工资调整的方式及额度。

员工填写好的涨工资申请单，公司先做内部公示(如，张贴在通告栏里，发送到内部微信群，或是给所有员工发邮件，确保所有员工可见)，并接受匿名的质疑举报，这样做的目的有以下几个：

(1)避免员工的胡编乱造。

(2)有些业绩是透支的或是抢了别人的功，同事看得更清楚，可以起到监督作用。

(3)倒逼员工处理好内部同事关系，不能排挤人。

(4)在一定程度上转移老板不加工资的矛盾。

(5)有底气的员工自然敢写敢公示，这也在鼓励其他员工，只要工作做得好就能理直气壮地展示出来。

在公示员工的涨工资申请之后，公司还可以考虑增加投票这个环节，民主决议，涨还是不涨，涨多少。这些都可作为老板最后拍板的重要依据。

公司老板最终的批复，得要有个对应的理由，这里可以分为两个导向：

(1)为了公司。员工业绩做得好，公司多赚钱，所以给员工加工资。

(2)为了员工。看到员工近期的成长进步，工作态度和职业技术等有明显的提升，为此而涨工资。老板为了员工的成长进步而批复给员工加工资，员工的接受度更高。

除了员工主动申请加工资外，公司也可以采用主动给员工加工资。一种是普调型加工资，人人都有。之所以普调工资，要么是因为当前的工资低于行情平均水平，增补一些以确保员工工资符合行情标准。要么是通货膨胀率过高，导致货币的购买力下降，再增补一些工资。

还有一种是非固定型的增加工资，而且是短期性的。例如，近期有个临时项目，工作量较大，在这个项目的执行期间，可以短期性地增加工资，项目结束时即取消。或是先临时兑现一些员工的工资。员工承诺达成某个目标后，老板出于信任，可先增加工资，若是在某个时间段内未达成该目标可取消。

交换式工资调整

在一些公司里，中高级主管、经理在公司工作时间较长，自身对公司具备一定的价值，也存在一定的长期雇佣乃至发展价值。但当其处于个人职业发展停滞阶段，甚至开始落后于公司的发展速度时，自身会对公司、对个人收入存在一些不满。从公司的角度来说，得要将相关员工的个人待遇提升，员工个人工作能力提升，以及公司特定的管理措施或管理目的导入，这三者结合在一起，做交换式工资调整。

首先，来看看一些中高级主管、经理所普遍存在的一些特点：

(1)在公司已经工作多年，已经有一定感情，并养成了一定的工作习惯。

(2)在公司身居高位，并有一定的地位。

(3)也希望能在公司进一步发展。

(4)自认为对公司的贡献较大。

(5)有可能掌握了公司的一些核心数据。

(6)通过对当地薪酬的了解，结合个人贡献，认为自己的待遇较低，且工作较为辛苦。

(7)认为公司应该先提升自己的待遇，再谈工作量增加。

而作为老板，往往对这些中高级主管、经理存在这些看法：

(1)作为员工，应首先检讨自身问题。

(2)当前的工作表现并不如人意，尚谈不上称职。

(3)公司所给的待遇并不少，尤其是相对于其工作质量而言。

(4)虽然公司打算给员工一些提升发展的机会，但员工的实际表现尚无法支撑。

(5)可以考虑给予远期的待遇提升，但前提是达成公司的管理要求。

先做好工作，还是先提升待遇。这一直是老板和员工之间的矛盾，双方都是被动的，都在等待对方先主动。如上文所说，同时等待下去，公司的损失更大。虽然公司也提出远期的职务晋升和待遇提升，但对于员工来说，这过于遥远，不太现实。

其实，老板可做一些策略性让步，即不要与员工在个人层面上纠缠，而是要从战略、从公司整体发展、从员工群体的角度来思考，尤其是内部体系尚没有建立完整，外部储备人员还没有到位的前提下，即便当前员工实际表现并不如意，工作质量也不佳，也要作出策略性让步，先给员工提升待遇，并且进行短期兑现。

具体让步方式可以考虑以下几种：

(1)先进行基本工资的增长(而不是奖金)，这是员工最乐于见到的。

(2)兑现期控制在1～2个月以内,最长不超过3个月。

(3)可由多个增长项目构成。

(4)每个增长项目对应一次增长额。

(5)单次增长额不低于员工当前基本工资的5%～10%。

当然,让步也不是平白无故的让步,而是要有一定的策略设计,是为了达成公司的某个管理目的。即便是给员工涨工资,也得要有一定的理由或是原因。或者说,公司要主动给予员工一个涨工资的机会。当然,若是员工自己放弃这个涨工资的机会,那是另外一回事了。

员工希望在短期内实现基本工资调整,老板可以拿出一个具体的交换条件出来。这个交换条件,可设定为一个项目。这个项目可以是公司的一个改革点,可以是一个需要试行的点,也可以是一个需要解决的问题点。总而言之,是一项对公司发展有益的项目。所选择的项目,需要符合以下条件:

(1)尽量是一个大家都明显可见的问题或是一个让大家能够直接看到的效益结果。

(2)前期有人曾试图解决,但未成功。

(3)公司已经有相关的要求,但没有认真落实执行。

(4)该项目的执行,不得打乱或是干扰员工相关岗位现行工作。

(5)该项目存在一定的技术难度。

(6)需要项目负责人耗费一定的精力来跟进。

(7)问题要解决彻底,效果要能持续。

(8)可以在1～2个月内执行完毕。

例如,某类新产品的特定区域铺货项目,某类产品的推广活动,某类特价产品的限期处理项目,某类工作流程标准的起草建立,客户档案的重新建立项目，客户历史遗留问题的清理项目，仓库的货物整散分离项目，仓库的流水卡导入项目，在内部举办培训会等。

确定好项目后，老板需要与员工进行前期沟通，沟通内容主要包括：

(1)回顾该员工进公司的经历。

(2)肯定员工所做的贡献。

(3)未来推动该员工进一步的职务晋升计划。

(4)甚至可以涉及公司未来的股份制计划。

(5)近期计划提升该员工的收入待遇(只针对该员工，不是全员)。

(6)可以分成两个层面来提升：一是基本工资；二是浮动奖金。当前先调整基本工资。

(7)公司是一个群体，但这次是只针对该员工一个人的单独调整，这就需要一些足够的理由来支撑。

(8)计划通过让该员工来单独主导一些特定项目，通过相关项目的成功，来支撑基本工资的调整。

(9)同时，这些项目存在一定的难度，通过项目的成功，帮助该员工在员工群体中树立威信，为后期的职务提升打下基础。

(10)因为要保障当前工作，还要兼顾需要独立负责的项目，需要该员工付出更多的精力和时间，也请员工家人多一些谅解和支持。

(11)对于年底的奖金调整，可以表示还有考虑。

(12)对该项目的价值。对公司，是解决了当前的某个实际问题，或是在某个环节点上推动了公司的发展进步。对员工个人，是锻炼员工的特定工作能力，换取对等的待遇调整，或是通过特定项目的成功在公司员工群体中树立威信。

需要交办给员工的，也许不会是一个项目，而是多个。这也就对应着员工会有多次调整基本工资的机会。老板需要提前向员工表达一个大体的框架，大概说明会有多少个项目，也就是多少次基本工资增加的机会。例如：一个项目，可换取500元的基本工资增幅，做完一个就涨一次。6个项目下来，基本工资就能涨3 000元。这也能进一步提升员工的积极性。

对于员工而言，公司这样的安排，其自身会有以下几点感受：

(1)工资不会平白无故地涨，而是需要有交换条件的。

(2)短期内先调整基本工资，比远期奖金更现实。

(3)基本工资每月都有。相当于员工一次努力和付出，长期重复收益(基本工资与年度奖金，对员工的激励效果完全不同)。

(4)年底奖金也可能会有调整(公司老板有表态)。

(5)月基本工资调整加上年度奖金调整，员工是双丰收。若再加上职务晋升的因素，则是三丰收。

另外，为了避免员工的松懈，即便员工承接了相关项目，公司老板还是要对其施加一些压力：

(1)与员工沟通时要表明，这些项目是公司一定要完成的。若是该员工无法完成，公司则要更换其他员工来执行此项目。

(2)同步发布招聘启事，在所要求的具体工作范畴中，将员工所负责的项目列入其中，并作为重点要求。无论是否能招到对应的员工，这个招聘启事也是在给员工施加压力。

在项目启动和执行期，员工基本工资不变；在项目完成并达成质量要求后，在当月即可兑付。按照设定的对应调整幅度，直接调整员工基本工资，不需要拖到下个月。

当然，这项工作不排除员工会拒绝。在老板初次与员工沟通，或是员工在接收项目后，因为难度大，员工会提出拒绝和放弃。这种情况，站在公司角度应向员工释放的信号有：

(1)公司主动给予机会，但员工自行放弃工资调整机会，也就放弃了公司对其的培养价值。

(2)项目机会仍然存在，可以释放给其他有上进心的员工。

工龄津贴设置的优化

在员工的工资结构中，工龄津贴是一个常见的模块。这主要是针对有一定工龄的老员工专门设置的津贴。这个津贴的额度会随着员工工龄长度而对应增加。原则上工龄越长，工龄津贴就越多。但公司也要考虑老员工实际工作表现以及周边员工的感受，进行一些设置上的优化。

公司设置工龄津贴，可能是出于这些方面的考虑：

(1)对员工资历的认可；

(2)稳定员工，最好不要辞职；

(3)要员工珍惜工作，干得越长，收入越多；

(4)试图以此来正面影响其他员工;

(5)有些老员工,可能职务上无法晋升,只能享受待遇上的晋升;

(6)理论上老员工应该可以给公司带来更大的产出贡献价值,对得起这份工龄津贴。

当然,不是所有的岗位都需要稳定的老员工,若是从事重复性工作的熟练工种,诸如生产制造、研发、主持人、助理、司机等,老员工效率更高,误差率更低,相对风险低,且培养成本高。这些岗位老员工如能在公司稳定下来是最好不过的。若是需要不断否定过去,不断有新思维、新创想的岗位,诸如业务类、市场部、营销等岗位,过于稳定反而不好。

从公司成本来看,老员工长期在职,持续增加工龄津贴,首先会直接增长财务成本,且在财务层面看不到直接回报。同时,每月工资中,都要核算对应的工龄津贴额度,增加财务部门的工作量,如出现核算差错,还会造成矛盾。

对于老员工个人而言,工龄津贴首先意味着公司对自己工作履历的承认,不过越来越多的工龄津贴,也在提醒自己在公司已经工作的时间很长,接下来很容易会联想到:

(1)这些年为公司创造的价值和利润;

(2)亲眼看到老板个人财富的增长和成就;

(3)看到有些早早离开公司的人有着更好的发展。

……

这一切也许会刺激自己,导致自己懊悔,觉得自己为公司付出了宝贵的青春和时间,推动了公司的发展,自己只是几百块钱的工龄津贴。

对新员工而言,一些拿着工龄津贴却工作不认真的老员工还会起到负面的示范作用。

“没什么作为，只是在公司里耗着，照样有工龄津贴。”

从个人进步的角度来说，工龄津贴是个比较消极的东西。因为决定工龄津贴的，不是能力，不是进步，而只是时间的积累而已。

从公司发展的角度来说，要求员工与公司保持同步，基于公司的发展而提升自我，甚至是通过提升自己带动公司的发展。若是只看工作时间，并不能说明员工的价值。鼓励员工的，应该是个人价值的提升，而不仅仅局限在工龄上。所以，公司在工龄津贴这个问题上，需要优化调整。

1. 分类对待

(1)对于需要稳定的岗位，可采取常规的工龄津贴，可将工龄津贴的形式进行多样化。

(2)对不需要刻意稳定的岗位，如需要保持定期换血的岗位，则可取消工龄津贴，对于员工的工作履历，可采取非经济类的认可措施。

2. 明确导向

公司要明确老员工应该建立一个什么样的发展导向。如作为资深员工，应该要做到：

(1)娴熟的技术；

(2)正面积极的工作态度；

(3)自身持续的学习、创新、进步；

(4)对新进员工的表率作用；

(5)不能因老而僵或是倚老卖老。

当然，这些内容只针对老员工，老板在与其单独沟通中表达。不要广而告之，防止其他员工以此来对标老员工在工作中的实际表现。

3. 老资格的体现

一些老员工可能会认为自己是有老资格的，与普通员工是不一样的，而且想要表现出来。在这方面公司需要尽量满足老员工。除了钱之外，还可以在荣誉感、内部小特权等方面有些特别措施，让老员工有地方显出来自己的老资格。同时也表明，只有在当前公司里，才能体现出自己的老资格。自己出去创业或是跳槽到待遇更高的新公司都无法显摆出自己的老资格。

4. 津贴之外的体现形式

怎样让老员工把老资格摆出来，可以通过体现尊敬和信任这两个核心点来实现。具体可通过如下措施：

(1)对于小额费用，老员工无须申请即可使用。

(2)对于小额费用，老员工可直接报销。

(3)老员工日常费用报销的额度更高(如餐费、车费等)。

(4)老员工有更多的工资预支额度。

(5)在奖金分配时，老员工拥有更高的计算系数。

5. 工龄津贴改职务津贴

对公司来说，工龄津贴是固定的且只涨不减。公司可将工龄津贴改为职务津贴，通过提升职务津贴的级别来实现额度增长，例如主任级的老员工，可享受经理级的职务津贴，再晋升可享受到总监级的职务津贴等。

不过，这个职务津贴是随着级别的变化而变化的，可上可下。若是员工表现不佳，公司则要对其降低津贴等级。如经理级的老员工只能领经理级的职务津贴，甚至是主任级的职务津贴，即变相地降低额度。以此给老员工保持一点紧张感，如果只涨不跌，旱涝保收，无法对其有激励作用。

6. 工龄津贴改讲课费形式

老员工工作时间长，自然工作经验丰富，公司可以安排老员工当内训师，来定期安排给其他员工讲内部培训课程。这个讲课的权利，只有老员工才有。当然，公司得要支付对应的讲课费。其实这样做就是将工龄津贴改为讲课费的形式发下去。这样做的考虑：

(1)定期讲课，就是让老员工倒出已有的经验。

(2)推动其他员工的技术学习。

(3)个人的经验逐渐被倒光，老员工的自我膨胀感被打消，开始发现自己真实的积累也就这么点东西。

(4)推动老员工的自我学习。

(5)拿讲课费的感觉更好，这是对个人新价值(有授课能力)的认可。

7. 金钱之外的体现形式

给钱不是唯一的办法，金钱是很容易被量化的，量化就会被对比。在金钱之外，公司还可以安排一些针对老员工的福利形式：

(1)可以保留职务的前提下，休无薪长假；

(2)工作时间有弹性，上下班时间可机动一些；

(3)着装更自由；

(4)离职后再重新回公司时，无须试用期，可直接恢复离职前的岗位和待遇；

(5)老员工的办公室和办公桌有专人清洁；

(6)能借用公司的小车。

……

在公司里，工作时间长且能力突出、工作态度良好的老员工，会受到大家的尊重，以及老板给予的更多信任。这样，老员工会更忠于自己的公司。

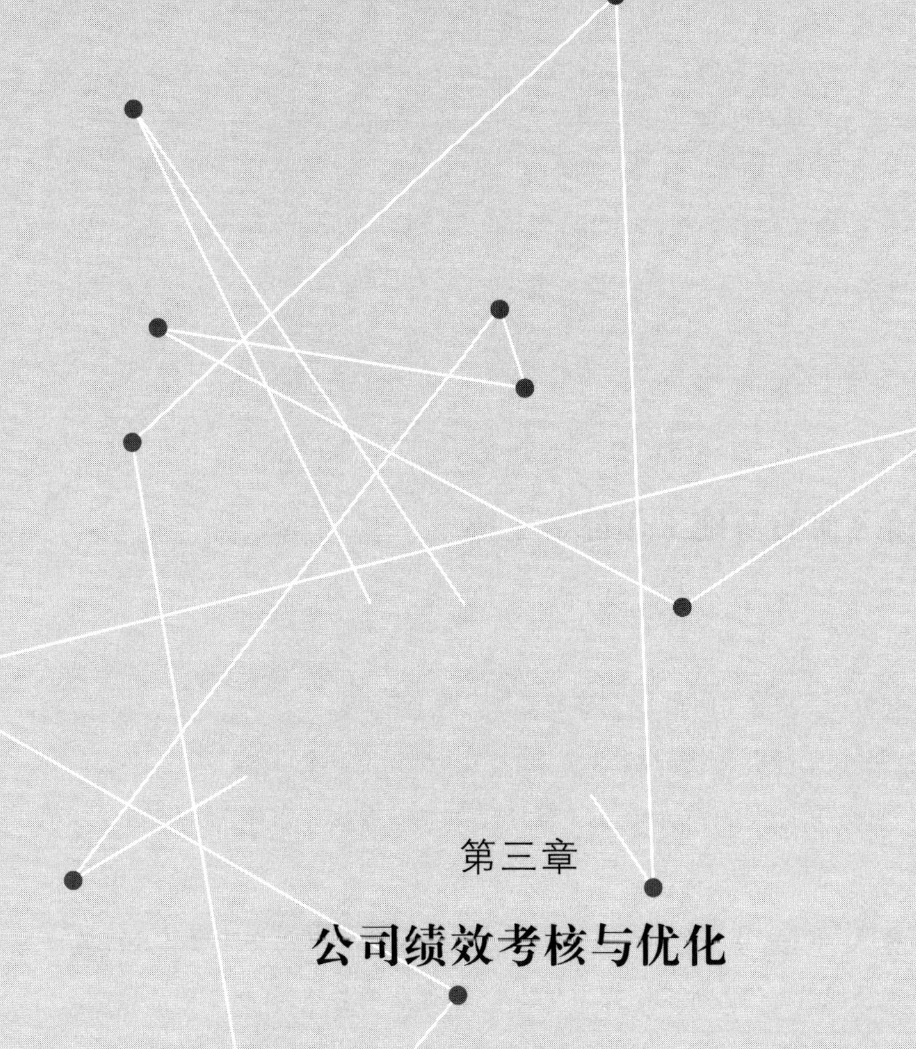

第三章

公司绩效考核与优化

考核之前的基础工作健全了吗

在员工工资这个问题上，大多数老板有两个观点：

一是员工过来工作是冲着工资来的，工资给到位就没问题了。

二是公司具体怎样给员工发工资，最好是按劳取酬。员工干多少活，拿多少钱。

所以，在当前很多公司的各类员工考核模式中，其核心思想就是公司拿工资来换取员工的各种工作行为及结果，诸如业绩考核、利润考核、回款考核、递增率考核、内部承包、执行率考核等。老板希望这些考核方案落实之后，就可以自动来驱动员工的工作行为，不需要老板亲自盯着每个员工。若是员工的绩效达成，员工就会有收益，公司也会有更大的收益。这些模式逻辑上很简单，似乎也很公平。若是员工都能按照这些模式来，公司老板就轻松多了。

不过事实上，公司虽然设置了考核指标，也同步有了激励措施，可员工的表现还是不如人意，诸如抱怨多、各种讨价还价、各种纰漏、执行力差、目标达成率低、费销比高等。总而言之，就是没有达到老板所预期的效果。于是，老板又开始“折腾”考核方案，各种更换，各种创新，或是加大激励力度，甚至连股份都纳入奖励指标。可是更换了之后还是不行。公司成立三五年，考核方式换了十多次的公司并不少见。

其实，大多数考核方案本身没有什么问题，问题是出在考核之前的基础工作上。

地基没打好，难以立高楼，即便盖起来高楼也容易歪斜甚至倒塌，考核方案也是如此。若是公司基础工作没到位，再漂亮的考核方案也是脆弱的。所以，老板们也不要总是纠结考核方案本身的设计和修改，而是要先回头看看公司相关的基础工作到位了没有，具体涉及以下内容。

1. 员工就业取向的问题

员工到公司来上班，不一定都是为了钱，或者说钱不是最重要的。例如，有些员工上班是为了学习技术，或是自己做创业筹备或是单纯的消磨时间等。这些员工并不是把收入作为最重要的价值取向，老板过于强调收入，偏离了员工的实际价值取向，也就很难发挥考核模式的引导和激励作用。

2. 老板的信誉

公司对员工的考核，往往是员工干活出成绩在先，公司兑现奖金在后。这样做表面上看起来没有什么问题。但是，站在员工的角度就有个问题，那就是公司老板的信誉问题。老板对员工的考核也好，激励也好，前提是员工相信这个老板，公司有信任作为基础和保障；若是老板在员工面前没有足够的信誉，再多的考核都是空谈。

当然，站在老板的角度，并不会过于看重这个问题。有的老板主观上就认定自己在员工面前是有信誉的。但客观来说，很多员工都不怎么相信自己公司的老板，对于老板所说的各种考核方案，只是当作可以看看而已，不是真的指望能实现。当然，这主要是因为有些老板平常不注意维护自己的信誉，有时候给员工的承诺，老板认为是由于客观情况的变化没有给员工兑现；有些则是老板当时随口一说，事后就忘了；而在员工看来，这些失信事件只要发生二三次，就足够毁掉老板的信誉了。所以，在考核方案确定前，老板得先进行自我信誉清理与修补工作。

3. 员工是否心存不满

员工心存不满，可能是对同事的不满，也可能是对公司、对老板的不满，这些情况都是不可避免的。作为公司的老板要时常和员工沟通，做到心理有数。

4. 员工待遇是否符合当地的平均水平

工资没有绝对的高与低，都是相对的。一般来说，员工看待自己的工资收入，往往会参考当地同类岗位的薪酬收入情况及个人的工作付出，来做出判断。

所以，公司给员工的工资应该是多少，不是老板单方面决定的，而是要基于当地的薪酬行情。即便老板觉得员工干的活不值这个钱，那也得按照当地行情来发。这是老板必须要接受的，不然就不可能留住人。

不过，这里有个情况，员工往往会过高地估计当地同类工作的薪酬标准，也会过高地判定自己的工作价值，这就会导致员工认为自己的收入偏低。在这个前提下，公司导入考核机制，必然会引起员工的抵触情绪。“工资本来就给的不多，居然还提出这么多的要求，这活没法干了！”

当地的薪酬平均水平究竟是多少，公司要有客观的了解，并且应该向员工进行公布。因为，即便公司回避这个事情，员工自己也会去打听的，而且打听来的结果是就高不就低。

5. 公司有没有岗位说明书

严格来说，公司里的每一个岗位都应该有一份对应的岗位说明书，全面地说清楚这个岗位的工作范畴，即说清楚具体有哪些事是要员工做的，哪些是主导，哪些是配合。即便是发生概率很低的工作也要在前期说清楚。

如果公司没有完整的岗位说明书，员工就无法确定自己的工作范畴，往往以当前的工作事务范畴为准。若是以后公司再增加点工作内容，员工就会认为自己的工作量增加了。若是此时公司再导入一些考核机制，员工就会更加不满。

6. 公司有没有技术执行说明书

岗位说明书是对员工工作范畴的大概情况说明。而在每个岗位的工作范畴里，一定会涉及诸多的具体工作。那么，这每一项工作也应该有具体的技术执行说明，即相关的目标、指导原则、基本流程、执行标准、技术方法、可能会遇到的问题、处理机制和提前的预案等。公司要将每项工作做一个对应的技术说明手册出来，用文字的形式说明清楚。既然要考核员工，就得提前告诉员工具体的工作方法是什么，需要学习掌握到的程度，然后才能考核。若是前面都没有向员工说清楚工作怎么干，后面也就无法对其进行考核。

在当前，完全没有技术含量、纯粹靠体力的岗位越来越少了。尤其是业务类的岗位，其业绩和执行力很大程度上是靠配套的职业技术作为支撑，没有职业技术能力，再大的工作激情也没有用。员工进公司，公司是有义务对员工提供职业技术培训的，但是，中小型私营企业在这方面做得很少；新员工入职，很少受到系统的职业技术培训。要么是员工自己摸索学习，要么就是老板让公司老员工给带一带。这样就会导致员工的职业技术一直处于低水平状态，没有能力也就没有办法确保执行力。不是员工不想干，而是员工不知道怎么干。

7. 公司当前岗位是否可以随意换人

公司考核任何一个员工，就是要给这个员工进行一定的硬性量化测评，要施加一定的压力。所以，不可能所有的员工都能正面看待这个测评，有些员工在压力之下会产生消极情绪，有些甚至会放弃，干脆辞职不干。遇到这种情况，若是公司无法实现对员工的替换，或是不敢换，员工一旦具备不可替代性，那么公司在考核方面就处于被动的地位。

所以，在导入对某个岗位的考核之前，得先要有对应的内部人员替换和外部人员储备。若是没有储备，直接导入考核制度，把当前一些员工考核辞职，后果可想而知。有人能替代，才能实施考核。

8. 相应的后台配套体系

公司是一个体系，各个岗位之间是有关联衔接的，某一个岗位取得的业绩，往往要靠多个岗位的支撑，尤其是后台管理部门对前台业务部门的支撑。例如，业务员的一笔团购订单，需要财务部门的税票处理，仓库部门的特殊货物组合，储运部门的路线安排，市场部门的礼盒设计等。若公司里缺乏这些内部衔接和配合机制，以及对内部配合的正面激励和环节监督，那么，员工就会在工作中处处遭遇障碍和各种不配合。在这样的情况下，公司定出来的考核模式也就无法推进。

9. 公司历史遗留问题

车跑多了要保养，公司运行久了，多少有些没处理利索的问题，时间一长就成了历史遗留问题。这些历史遗留问题，会直接影响员工当前的工作效率乃至业绩。这些历史遗留问题也许是老板自己导致的，也许是前期的某些员工导致的。但是，公司一直没有彻底地处理干净。这些历史遗留问题一直在干扰当前的员工，即便公司当前的考核方案不错，但是苦于这些障碍，员工有可能也是有心无力。

产生这种问题的本质还是在老板身上，是老板自己没有定期清理历史遗留问题的意识，有些老板会认为通过公司的持续向前发展是可以掩盖这些历史问题的，甚至还有的老板都不清楚公司当前有多少遗留问题。

10. 员工面临的问题和困难

员工在工作过程中不会是一帆风顺的，必然会遇到许多问题。那么，对于这些具体的问题，公司要提前汇总出来告知员工，至少让员工有个心理准备，避免员工自己撞个头破血流。

老板们要先把以上这些问题捋一捋，做到心中有数，至于当前的考核方案，建议暂且不要有所变动。也许，一开始的考核方案就没有问题，只是这些基础工作不健全因素的存在，才导致考核方案无法发挥作用。这些问题不解决，而靠频繁地更改考核方案是没用的。

考核制度设计的误区

随着公司业务量逐年上升，业务人员的数量自然也会同步增加。人一多，老板自然就管不过来，也就无从知晓每个业务人员具体的工作状况和效益产出以哪些标准去衡量。这个时候，就需要一些管理工具来衡量、考核业务人员的效益。通俗来说，就是得让老板知道，每个业务人员每月究竟都干了些什么，卖出去了什么货，卖了多少，帮公司赚了多少钱，得给相应的业务人员发多少奖金等。

小公司的管理方法大多是跟大公司学习的，而大公司针对业务人员采用的是绩效考核体系。于是，很多小公司老板就照虎画猫，甚至把大公司的绩效考核体系直接拿过来用。但是，管理方面的规章制度或是系统标准，往往是设计起来容易，真正实施下去就不是那么容易了。许多公司在采用大公司的绩效考核体系之后，并没有起到应有的作用，反而导致业务人员的诸多抱怨。计算方法的不科学，无法体现业务人员的过程付出，且核算烦琐，经常出现对账纠纷（即业务人员自己算的奖金数与公司财务人员核算出来的不符）。因此，为了有效避免在绩效考核中的一些问题，作为中小型私营公司，最应该注意的是以下这六大设计误区。

误区一:只看商品销售的总量而不看均衡率

许多公司是按照销售/业务人员的当月销售总量核算奖金比例的。这样的核算方法简单,但极其容易导致销售/业务人员只销售那些容易销售的商品。而容易销售的商品往往是价格较低或是优惠幅度较大的商品,站在公司的角度来看,这些商品的利润并不大。而对那些利润率相对较高的高档商品,销售/业务人员又不肯想办法去推销。这样就常常出现某类低价商品的完成率高达百分之几百,而高档商品完成率只有百分之几的状况。最终导致公司出现两大商品经营问题:一是商品结构失衡;二是使得高档商品不好卖成为习惯,在利润型产品和销量型产品上出现严重失衡,从而导致公司的营业额上去了,但利润往往下来的情况。

解决小案:综合杠杆调整业务重点。

针对这种情况,公司就需要采用考核的杠杆来平衡。取消单纯按照总量来发放奖金的办法,而是把销售任务精确到每个商品上,要求销售/业务人员必须兼顾每一种商品的完成状况。同时,根据公司不同的产品,不同的销售阶段,制定出相应的最低标准,让销售/业务人员知道哪些产品是重点,哪些产品需要保量,哪些产品需要增效等。若是某种商品的完成率低于一定比例时,则取消相应的考核奖金,让销售/业务人员关注到那些不好卖的商品的销售问题,不再将过多的精力放在那些好卖但不赚钱的商品上。

误区二:注重奖金的力度不注重兑现的及时性

有些老板为了体现出奖金的力度和激励效果,把奖金的发放形式改为半年发放一次或是一年发放一次。而这样一来,虽然单次发放出来的金额较大,但是会对员工的开支计划造成较大的影响。长时间扣压(员工认为这么长时间才发放一次奖金就是扣压)员工奖金,会使员工对老板设置奖金的真实性和兑现情况产生置疑。员工还会对这种奖金发放形式缺乏安全感，担心老板到时会找一些借口，进一步扣压或是扣罚奖金。这样就会使一些员工轻则消极怠工、重则违反公司规定，将一些资产抓在自己手里。

解决小案：变季度或者年度结算为月度结算。

建议公司在奖金兑付方面，尽量做到每月一清，按月及时发放到位。这种短期兑现的奖金发放形式能有效激发员工的工作积极性，让他们在短期内看到收益，这样每个月都能给自己制定新的奋斗目标。

误区三：只重视结果，不重视过程

在很多公司里，销售/业务人员产品销量情况以及相关的奖金状况一般是每月公布一次。也就是说，销售/业务人员也只有在公司公布相关数据时，才知道自己每月的实际销量状况和奖金收入状况。当然，有些细心的销售/业务人员自己也会有记录，但他们自己的记录与财务部门的核算很有可能会出现不一致的地方，这会导致销售/业务人员和财务人员产生纠纷。因此，往往这种只注重结果不注重过程的考核方式，无法对销售/业务人员的日常销售工作产生有效管理和督促效果。

解决小案：变阶段管理为时时通报。

公司可以考虑公布员工每日销量和奖金核算情况。可由办公室文员统计每位业务人员每天各商品的实际销售数据，并同步核算出完成率和应得奖金金额，然后在办公室公开板以图表的形式公布出来。这样每个员工都能看到每天、每周以及每月的业绩变化曲线，这些数据能直接反映出每个员工的工作状态和业绩情况。这种做法能让老板以及销售/业务人员时时掌握动态情况，如截止某天，各产品的销量分别是多少，完成率是多少，离计划量还缺多少。

这样，在后续的工作中，销售/业务人员自然也就清楚，哪些商品离计划的缺口较大，需要进行重点推广；哪些商品完成计划已经没有什么问题，基本上不需要投入太多精力等。这样才能真正起到对销售/业务人员工作进程的管理和督促作用。并且，奖金数额的实时体现，更是省去了销售/业务人员自己记录核算和与财务对账的麻烦。

误区四：只有量化没有模糊

公司财务人员每月会把每位业务人员的应得奖金核算清楚，量化成具体的发放金额，老板签字确认后就直接发放奖金。当然，从财务的角度来说，这样做没有任何问题，但是从公司管理的角度来说，却缺少了一些柔性的管理功能。例如，员工之间收入的平衡控制、员工对收入空间的期望、员工情绪的调节、员工的过程付出和结果收益之间的平衡等。因此，模糊管理在这种量化管理过程中又变得比较重要。

解决小案：把额外惊喜以红包形式体现。

公司可以把销售/业务人员的应得奖金进行划分，一部分是完全量化的金额，由财务人员以工资奖金的形式发放；另一部分则变成模糊化的不确定金额，由老板以红包的形式来发放。把员工的整体收入模糊化，可以增加更多的柔性管理功能，或者说预留出更多的弹性管理空间。这种方法也能在一定程度上时时鼓励一些业绩暂时落后，同时又不断追求上进的业务人员。

误区五：只有现金没有物质

大多数公司里每月只是按照考核办法给员工发钱，而忽略了员工的第一管理者——员工的家人。有些员工的收入状况其家人可能不是很清楚，这在一定程度上会误导员工的家人，使得员工家人对员工所在的公司不满，认为这老板太小气，给的工资很少等。因此，会出现员工家人不支持员工在公司上班，甚至可能会劝说员工跳槽走人之类的事情。

解决小案：团结一切能团结的力量，以实物奖励回馈员工家人。

公司可以在员工的应发工资中，拿出一小部分出来（一般 50 元至 200 元即可），购买一些生活必需品，以公司福利品的形式发放给员工家人。通过福利品，建立起老板与员工家人之间的联系，在一定程度上弥补员工在家人面前产生的公司负面形象，也促使员工家人形成对老板的正面认识。同时，这也是进一步模糊员工收入的调节手段。

误区六：该有的考核项目没有，不该有的考核项目却出现

有的公司在员工奖金考核中设立了全勤奖和应收账款奖等，而对一些诸如员工的合理化建议却没有相应的奖金设置。这样的考核模式很容易导致员工出现一些错误的观念，例如，有些员工会认为把商品卖出去和把货款收回来是两个不同的工作，认为去收取货款是额外的工作，甚至认为按时上下班不缺勤是要额外奖励的。同时，也会打击员工给公司、给老板提合理化建议的热情。因此，一些灵活多样化的激励员工充分发挥积极主动性的考核奖励也非常重要。

解决小案：增加有效建议奖，提升员工积极主动性。

员工拿基本工资就应该保证全勤工作，公司不应该额外再发全勤奖。一项完整的销售工作不但是要把商品卖出去，还应该包括把货款收回来，这是一个整体性的工作。要让业务人员明确，把商品卖出去只是完成了销售任务的一半；把钱收回来才是真正意义上完成销售工作。同时，业务人员每天工作在市场一线，对市场的变化和客户需求的变化自然最清楚，因此，真正有效提升业务工作效率的方法也是掌握在业务人员的手里，公司要想员工把这些东西贡献出来，自然就得有所奖励。所以，公司可以设立一个有奖建议收集，鼓励员工在提升业绩方面提出合理化建议，并及时给予奖励的快速兑现，这样会进一步增强公司的活力。

不同岗位的考核导向

员工来公司上班，公司给员工发放工资，这是最基本的利益关系。

员工的工资可简单分为较为固定的基本工资和浮动的奖金。基本工资带给员工安全感，而奖金则可以影响员工的工作积极性和工作导向。公司在工资体系的设计过程中，基本工资的设计相对简单，而奖金设计则要复杂一些。不过，一些老板却有可能把这个复杂的问题想简单了，常见的情况是这样的：

(1)没有区别生产工人与销售/业务人员的工作性质，往往是用考核生产工人的模式来考核销售/业务人员。生产工人的考核方式可以是按劳取酬，而销售/业务人员的考核则应考虑其价值创造。

(2)公司在工资发放频率上一刀切，不管什么岗位都是一月发一次，年底再加个年终奖。

(3)大多数关于业务的考核模式都是以业绩结果作为导向。这样会致使很多员工为了结果，对工作过程不重视。但没有做好过程就不会有好的结果。一些员工为了迎合考核方式，往往采取透支未来的办法来求结果，这又导致公司未来的业务更加难做，也就陷入了恶性循环。

(4)公司不同的岗位，员工的工作性质不一样。有的岗位偏工作过程，有的岗位侧重结果，有的岗位则是单纯的体力付出。但是在考核体系中却没有对应地体现出来。

简单来说，公司对不同岗位的考核应该使用不同的考核模式，或者说设置不同的考核导向。这里具体简述如下：

1. 技术类岗位

这类岗位一般需要员工具有一定专业技术才能胜任。例如财务、IT、仓管等。对这类岗位的考核模式，主要是考核员工技术水平的发挥，可以按照既定的技术等级要求，考核员工在实际工作中是否达标，财务人员是否把账做好，仓管人员是否把仓库管好等。他们的工作与销售业绩无关，不能用销售业绩来衡量他们的工作。

2. 执行类岗位

这类岗位一般技术含量要求不高，尤其是偏体力执行为主的岗位，更多只是员工体力的付出，例如理货、装卸、做司机、保洁等，工作过程较容易量化，考核可以以量化的工作内容为主，例如装卸工搬了多少货，司机开了多少公里的车等。

3. 业务类岗位

一些公司考核业务人员的模式，往往都是以销售额或是回款作为考核指标，这都属于结果类考核。管理层不管过程只要结果，或者要求业务人员既对过程负责也对结果负责，都属于要求太高。公司对业务人员的考核更多是对其工作过程的考核，例如客户资料的完善、客情关系的处理、产品的铺市与陈列、各类市场活动的执行等。这些是业务人员该做的事情，只要业务人员按照公司要求执行了，就应该有对应的经济收入。公司产品销售层面的结果，很多是外部市场因素与公司后台的系统共同作用的结果，不是业务人员个人能力所能决定的。

4. 业务主管类岗位

公司各类业务主管和经理是业务人员的上级，公司对他们的考核就需要同时兼顾工作过程和结果。可以在成熟产品上侧重结果，而在新产品上侧重过程。

5. 高层管理岗位

公司对副总以上级别的考核得要兼顾工作结果和公司整体规划的执行情况。作为公司高层领导，先要抓整体结构框架，确保公司的运营在可控的规划框架内，各项工作能有条不紊地推进。在整体框架内再细分过程和结果；同时，还要有预见性地提前预防各类风险事故，从预防的角度进行处理或是建立较为完善的事后处理流程。

6. 新员工

新员工刚进公司，虽然工作积极性好，但由于不熟悉情况，技术还没有到位，执行力有限，业绩也不好。在一些公司的考核模式中，虽然这个时候员工的工作状态是最好的，但是其收入是最低的。在这里笔者建议公司要有保护员工工作积极性的考核方式，建立临时性的奖金措施，通过员工工作状态来核算奖金，避免业绩少导致的收入少。当然，这个措施是临时性，最长也就二三个月，之后就转入常规考核模式。

公司进行员工考核的基本次序

员工在正常工作期间，公司对其实际工作状态及工作成果一定会进行相关的考核，以此来衡定员工的绩效工资及职务晋升。考核员工基本划分两个层面，一个是行为态度层面，一个是工作质量及成果层面。这里，我们重点来分析员工工作质量及成果层面的考核问题。

一些公司的考核中，从员工入职开始，公司就开始分配其任务量，设定考核目标值，然后，公司根据员工的实际完成情况来核算员工对应的奖金。

客观来说，若是员工的工作完成率高，业绩成果高，考核分数自然也高，个人薪酬收入也就水涨船高，员工的工作积极性也就能持续，由此可形成良性循环。反过来说，若是员工工作完成的质量较差，考核分数低，自然收入也低，低收入会使员工处于消极状态，没有信心和激情来面对后续的工作，也就是陷入恶性循环当中。

公司老板们当然希望员工进入良性循环，但是在实际工作中，很多员工往往会陷入负面循环的漩涡之中。为什么会这样，往往是公司在这个考核方式的设定上出了问题。

当前的考核方式，多数是公司、老板来主导制定的，自然以老板的想法为准则。在老板看来，给员工确立一个工作成果标准，员工只要达成这个成果标准就能拿到相应的工资，要是能超过这个既定标准，还会给员工更高的工资，这是很公平的。再有，老板们还会想当然地认为，员工为了拿到高收入，一定会去想方设法完成任务。然后公司再设立几个高收入员工的榜样出来，进一步激励员工，效果会更好。

但在员工看来可没有这么简单，老板一步到位就要求员工按照工作成果来考核，可是工作出成果，需要大量的前期工作过程。这些过程包括员工对工作的信心，对工作环境的熟悉，对相关技术的学习和运用。可是，公司却直接一步到位要结果，这对于员工来说太吃力了，也很容易打击员工的工作热情。

公司的考核机制应该要综合老板和员工双方的意愿和实际情况，有些事情不能一刀切或是一步到位，而是要循序渐进地来推进。毕竟，员工不是机器，他们是需要公司引导、需要培养、需要培训的。

简单来说，公司可以考虑设定考核的次序，在员工进入公司的不同阶段采取不同的考核关注点。相关结构如下。

第一阶段：考核员工的职业技术掌握情况

新员工在入职后要有一个学习的过程。公司不管是建立新员工集中培训机制，还是简单地让老员工带岗，都是新员工学习的过程。这里需要强调的是，不能假定新员工的职业技术水平已经到位，进入公司马上就能上手干活。至少，每个公司的经营和管理特性也是需要新入员工重新学习的。所以，老板一定要建立这样一个观念：新员工入职后，刚开始的任务就是学习、熟悉情况、掌握相关的职业技术，而不能指望员工在学习阶段有业绩成果产出。这个学习期，可以是一个月（至少），也可以是三个月。在这段时间内，新员工原则上不对业绩成果负责，他们所经手的一些工作，也是属于锻炼员工、熟悉工作环境性质的工作。

既然公司在此阶段给员工定的任务是学习，那么对员工的考核内容，也是其学习情况，例如对各类工作情况的熟悉程度，职业技术的学习及实际运用情况。公司可以通过试卷、实际操作演练等方式来考核，目的是确保员工熟悉相关情况，并且掌握对应的职业技术。

从考核次序设计的角度来说，新员工首先应该掌握职业技术，这是后期产出业绩的前提条件。

第二阶段：考核员工的标准化执行能力

严格来说，公司员工工作中的每一件事情都应该有标准的流程，例如给客户的电话应该怎样打，客户档案应该怎样建立，终端货架陈列应该怎样摆放，促销活动的前期准备工作有哪些等。若是没有明确标准，员工就会按照自己的想法理解和执行，也就是用自己的标准来执行工作，这样必然造成工作的混乱和低效，且会带来大量的内耗。所以，公司内部必须建立统一的标准流程。

公司在建立标准的工作流程之后，就得要引导员工按照这些既定的标准流程来执行工作。其实，做好这些执行的工作，也就是做好了通向好结果的过程工作。

员工在实际工作中，是否按照公司既定的标准流程在执行，则可称为第二阶段的考核重点。在这个阶段，公司可以考核员工标准化执行能力（过程）为主，小比例地对成果的考核；或是完全不考核成果。考核期可以控制在2～3个月，这主要是考虑员工从接受标准到形成对标准的执行习惯培养，是需要一定时间的。

其实，只要是公司所制定的标准合理，员工又能按照标准把过程做好，结果定然不会差的。

第三阶段：考核员工的工作成果

在员工能够按照公司既定标准流程来执行工作的前提下，再来考核员工的实际产出成果。这个考核的重点就相对简单得多。

其实，公司考核最终都是要回到员工的实际工作成果这个点上来，这也是公司请员工的根本目的所在。前面两个阶段的考核，看起来是多了些周折，但其实是正常的、合理的必定过程。有些老板喜欢一步到位，反而是欲速而不达，在员工没有掌握好相关职业技术，没有对相关情况充分熟悉，且还没有形成标准化执行动作的前提下，不可能一下子就能带来很好的业绩产出。

当然，为了巩固员工的工作习惯，在以结果为考核的第三阶段，仍然要增加一定比例的标准化执行动作考核环节，对过程的考核仍然不能放松。

第四阶段：考核员工的创新

理论上，效率是可以无限提升的，成本是可以无限节约的，员工的潜力也是可以无限挖掘的。在员工能符合既定标准的前提下，还得要想办法来深挖员工的潜力。

在这个阶段，公司就可以导入对员工的创新考核模式，考核员工在既定工作的基础上，是否能对公司运营的各个环节有研究和创新，在工作效率、成本控制、客户稳定、规范管理等方面是否有一定的产出价值，能达到的员工，公司应该有对应的奖励措施。也就是先达标，再创新。

当然，这个考核可以是独立的，不纳入公司常规的过程和结果考核，即员工没有创新不扣钱，而做到了就有奖励。毕竟，创新是要在宽松的环境下，员工自主自发的前提下进行。

同时，公司的创新考核可以与员工的职务晋升相结合。这些能积极研究工作，不断提升自己的员工，多数能承担更重要的岗位。

总而言之，公司考核员工的模式不能一刀切，也不能一步到位要求员工拿结果；而是要充分考虑员工在进入公司之后，有个熟悉学习的过程，培养其标准化执行动作的过程，之后才有可能产出结果。在此之上，再来深挖员工的潜力，引导员工积极创新并提升自己。

员工在入职初期，因为对工作情况不熟悉，对职业技术尚未掌握到位，还没有建立起标准化的执行动作，也没有在前期做好相关的过程，是不太可能有效完成工作的。糟糕的考核结果，可怜的奖金，会让员工产生较大的压力，失去信心，从而开始怀疑自己是否适合这个岗位、这家公司，进而增加离职的可能性。或是在压力之下，个别员工采取一些走捷径的办法，通过透支资源、蒙混过关等手段来应对当前的考核。这样的考核结果，一定不是公司、老板想要的。

考勤制度的设计

公司大了，人多了，也就没有办法指望所有的员工都有自觉性，公司管理自然也就复杂了起来。这个时候，对待员工的管理就得有一个体系。一般来说，员工数量一旦超过八人以上，公司里就得设计考勤制度了。很多老板在设计考勤制度时，最常见的办法就是找上游厂家要一份考勤制度，稍微改一下就照搬照用了。但是中小型私营公司与大型的企业之间是有区别的。大型企业的考勤制度较为严密，对员工的约束性也较强；但在中小型私营公司，既要规范地进行员工管理，又要充分考虑员工业务工作的灵活性。所以，在考勤制度的设计方面，不能和大企业照搬照学，得要符合中小型公司的实际情况。

1. 休息日的安排

按照我国劳动法规定，员工每周有两天的休息日，还有其他各类法定节假日，但是在一些中小型私营公司，一般是每周只休一天，甚至是全月没有休息日。老板们的说法也很简单，“自己这种私营小公司，没必要向大公司那样规范，再说了，公司很多事情没人来做，一大堆的铺市、送货、结算、活动等，至于休息日，等到生意淡季的时候，再给大家多休息几天就是了。”其实，这种想法，是合老板的理，但不合员工的理，更不合国家的法。侵占员工的法定休息日，是要支付加班费的；如果违法，有可能遭到员工的投诉，给公司带来巨大的损失。

另外，员工都会有自己的私人事务和休息时间，若是公司不安排休息，员工可能会把自己的私事安排在工作时间里，甚至还会动用公司的车辆、人员等资源，最后老板是得不偿失的。

其实，这里也有一个合理合法的解决措施，就是用集中调配休息日的办法解决这个问题。首先确定员工的全年总休息日，由员工根据自己的自身情况安排，提前向公司申请在什么时间使用自己的休息日。这样，公司既不违反国家法规，又最大限度地照顾员工的个人状况，同时也有效避免了固定式休假对业务工作产生的影响。

2. 每日工作时间

大多数中小型私营公司都有固定的上下班时间。以这个时间为标准，就存在员工迟到早退的考勤问题，这种固定上下班时间的考勤方式很适合固定型的工作岗位，例如，财务、仓库、办公室行政等岗位。但是，用来考核机动性工作的员工就不合适了，例如销售/业务人员。在这里公司可以考虑使用一种弹性的工作时间管理办法，即确定员工每天八小时的工作时间即可，而不是确定几点上班几点下班，例如员工晚一个小时来上班，就晚一个小时下班，只要确保其每天工作时间满八小时即可。

当然，这里公司要坚持的一点是，员工上下班必须到公司打卡，不允许出现员工从家里直接到客户处，或是从客户处直接回家的情况。从表面上看，这种规定似乎有点不灵活，但是，如果不这样没有办法保证员工的自觉性。开始也许有一两次是真正因为工作上的事情未能到公司打卡，但时间一长难免不会出现有些员工利用这个机会偷懒或是以此来回避自己迟到早退的问题。

3. 不定期进行员工/车辆在外工作状态监控

对员工行程的监控也是考勤的一部分。但是需要注意的是，固定时间的监控很难起到作用。因为员工可能会发现其中的规律，从而进行一定程度上的规避。所以，在中小型私营公司，监控措施得尽量避免固定模式，采取不定期、不定对象、不定形式的监控方式，避免出现员工逃避监控的状况。

4. 定期画饼图

这里所说的画饼图，就是公司要求相关员工用饼图图例的形式来说明自己每天八小时的工作时间是如何分配的，例如，路途多长时间，客户处多长时间，在办公室多长时间，处理杂务有多长时间等。老板可以很容易从中看出，员工在每天究竟有多少时间放在工作上，又有多少时间放在一些非工作的事情上。持续一段时间的分析，就能看出员工近阶段的工作安排是否合理，或者从中发现员工是不是有意回避自己的一些问题。

5. 员工休假时的人员指派制度

公司总会有员工处在休假状态，但在公司内部，各项工作是需要各部门各员工之间互相支持的。若是某位员工休假，必然会对公司整体性的工作产生一些影响。所以在员工的考勤制度中，需要增加一个休假人员指派制度。即是员工休假前，公司需要指定其他员工临时接替代管他的工作，并在公司内部的考勤板上公示出来，避免耽误工作或者产生纠纷。

6. 公开自己的行程

公司可以在办公室里设置一个大的白板，给每位员工划分出一格，专门用于员工自行填写自己的外出工作路线。这一方面可以合理调配工作路线，互相代办事务，提高工作效率；另外一方面，员工之间也可以进行相互监督。

对销售/业务人员考核的四个阶段

销售/业务人员的收入结构多数是基本工资加浮动奖金的形式，浮动部分占整体工资的比例往往在40%以上。具体的浮动量，要通过一定的考核体系来进行计算与核定。

考核既是对员工的激励，也是公司对员工的工作进行引导。“钱在哪里，员工的工作积极性也就在哪里。”于是，多数公司把考核方向定在结果上，诸如销售额、回款额、完成率等，希望员工把积极性都集中在结果产出上，实现员工与公司共同收益的良性循环。

但是，在设定考核方向时直奔结果而去的思路过于理论化，或者说过于简单了；这种方式缺乏循序渐进的过程，缺乏对员工工作过程的拆解与量化，缺乏基础工作的建设，缺乏对员工工作状态的考虑与结合。

对销售/业务人员的考核，基本可分为四个阶段，公司应在每个阶段设置不同的考核重点，循序渐进地引导员工，有基础、有过程、有结果、有进步的进行。

1. 试用期阶段

在新员工试用期这个阶段，有些公司对销售/业务人员是没有考核的，他们认为员工刚入公司，当前的工作任务只是熟悉公司情况，没有办法产出业绩，自然考核也就没有意义。

但是换个角度来看，新员工既然在试用期的主要任务是熟悉公司情况，那么公司完全可以以“熟悉情况”进行考核，诸如：

(1)产品品类、品牌规格；

(2)销售工作的基本流程和量化标准点；

(3)各类产品的销售特点及淡旺季曲线；

(4)各类常规促销活动的执行流程；

(5)公司的规章制度；

(6)对公司当前运营管理中的合理化建议；

(7)常规问题的预防及处理流程；

……

新员工在试用期的主要工作是学习，那么对学习结果当然要做考核。若是员工学都没学好，又怎么能确保后期的工作质量呢。

此阶段的考核期一般在1～3个月。

2. 接手工作阶段

员工通过试用期之后转正上岗，这期间要经历一个工作的接手阶段。新员工要了解公司的各种情况，要磨合，要形成基本工作思路，要明确各类岗位工作的范畴等。在这个阶段，员工业绩的产出也不确定。此时，公司对员工的考核不能全部放在成果上，而是成果占三成，剩下的七成则要放在对其基础和过程工作的考核上，诸如：

（1）客户档案的健全和更新；

（2）客情关系的建立；

（3）客户历史遗留问题的处理；

（4）产品的基本陈列；

（5）客户的库存盘点情况；

（6）退换货的清理；

（7）账务关系，表单发票的清理；

……

这些都是产生成果的基础所在。没有一个良好的基础，就不会有好的产出。如果公司一开始就考核员工的成果，员工一定不会来做这些过程工作。所以这就需要公司通过考核方向来引导员工建立对业务工作的整体概念，先有过程再有结果；避免员工在出现问题时，一味地报怨各种客观原因，同时也是防止员工通过透支未来的办法来完成工作任务。

此阶段的考核期一般设定在1个月左右。

3. 对员工的常规考核

在员工自身技术达标、基础打好且做好过程的前提下，公司再来对其进行成果的考核就相对可靠多了。对成果的考核重点就是一般公司常规设定的项目，如产品销售额、产品销售量、完成率等。

4. 对员工的创新与进步的考核

在常规业务的基础上，还可叠加对员工在创新与进步等方面的考核，诸如：

(1)对当前运营工作中的合理化建议；

(2)对突发事件的处理能力；

(3)对某类工作能进行系统化整理和建立执行标准；

(4)在常规业务工作的基础上，具备上一级人员的工作能力(人事管理、预算、促销活动设计等)；

(5)在既定产品结构的基础上，能对高端高利润产品占比进行有效放大。

……

这个考核重点给员工开放了一个进步的空间，鼓励员工的创新与进步，并可与员工的职务晋升进行结合。

销售考核的计算标尺

对公司来说，有两个问题紧急又重要，一是怎样给员工核算工资，二是怎样给业务人员下达销售任务。

老板对公司年度业绩一般是有个目标的，这个目标会分解到月，分解到产品类别，甚至分解到每个销售/业务人员的身上。对公司来说，一定要明确一个业务量核算办法，不能完全让销售/业务人员自己想做多少就做多少。不过，对业务量的核算方法是个技术活，算低的话，公司容易吃亏；算高了的话，员工总是完不成，公司销售任务也就没有什么意义了。

公司在核算销售任务之前，首先得要明确两点：一是公司的基础销售数据；二是公司的年度市场拓展目标。基础销售数据就是当前公司下游销售网络的类型、数量及各类产品的基础销售量。对这一点公司应做到各项数据清晰。清理步骤如下：

(1)明确当前的下游客户数量，例如在当地有各类型客户 1 124 家。

(2)将客户类型进行划分，例如，在当地的 1 124 家客户中其类型分布参见下表。

客户情况

客户类型	数　　量	数量占比	业绩占比
大型 KA 商超	8 家	1%	5%
中型连锁超市	46 家	4%	18%
私营 BC 店	782 家	70%	42%
特殊渠道	22 家	2%	3%
分销商/小批发商	26 家	2%	23%
百货公司附属商超	7 家	1%	2%
餐饮酒店	178 家	16%	5%
小型摊点	45 家	4%	2%

(3)计算出每家下游客户的各类产品基础销量。这里所说的基础销量指公司在不进行促销活动，不刻意进行客情维护的前提下，仅仅只是下单送货而产生的自然动销量。可参考下表：

客户产品及销售情况

客户名称	产品类别	平均月度实际销售额
客户 A	产品类型 1	500 元
	产品类型 2	800 元
	产品类型 3	1 200 元
客户 B	产品类型 1	600 元
	产品类型 2	600 元
	产品类型 3	1 300 元

以上这些工作虽然有些烦琐,但却是科学地核算销售数据必备的前提。没有自然动销量作为基础就无法核算出每个销售/业务人员实际需要承担多少销量。同时,自然动销量也在告诉销售/业务人员,这是公司的基础销量,有没有销售/业务人员公司都会产生的销售量。所以,销售/业务人员的工作是在这个自然动销量的基础上进行提升,而不是简单的维持。若是连这个销量都守不住,那就是销售/业务人员的失职。

在公司每个下游客户的基础销售数据核算出来后,还需要确定公司的年度市场拓展目标。如今,中小型公司做生意就如逆水行舟,不进则退。公司老板千万不能守着当前的基础销售就万事大吉了,而是要主动拓展。设定一个公司发展的年度业绩总目标,在现有销量的基础上,进行一定比例的顺加。具体的市场拓展可分为两个层面。

(1)公司每个下游客户的提升空间。严格来说,每个当前客户都有销量提升的空间,这就需要销售/业务人员的跟进与努力了。例如,通过强化服务、提升客情、增加新产品、优化陈列位、增加库存值、挤压竞品等动作来进行销售量的提升。在公司层面,还可以通过一些外部合作企业的资源争取来提升产品销售量。从量化角度来说，就是以当前的基础销售量作为基础，顺加10%或是20%的销量。

(2)新下游客户的拓展。每年总有新开张的各类型客户，还有些前期一直没有覆盖的客户，这都是需要去拓展开发的。这些新客户的增加也能增加公司产品的销量。老板可以根据当地新客户的出现情况及前期没有覆盖到的客户数量，确定客户拓展目标。

在以上这些基础工作到位后，公司再给销售/业务人员进行销售任务核算，就有了根据。基本可分以下两部分组成。

(1)根据每位业务人员所负责业务区域，将该区域所有客户的基础销售数据调出来，进行汇总叠加，可以直接得出该区域的基础销售数据，这也是销售/业务人员所必须要守住的销售量。这个销售量是当前已经实际存在的，也是公司的基础所在，并不是某位销售/业务人员额外创造出来的。公司把基础销售数据说清楚，这样员工心里也服气。

(2)以基础销售数据打底，再根据合作企业的销售任务指标及本公司自己的发展规划，测算出需要增加的比例值。公司可以考虑设定增加的方向，一是提升现有客户的销售量，二是通过增加新客户的办法来提升销售量。这个增加的部分就是销售/业务人员所创造的价值所在。

新客户开发的分步骤考核

一般来说，公司新客户的开发是要持续进行的。新客户包括新开张的客户，也包括在前期没有注意到的客户。公司会要求销售/业务人员保持对新客户的开发。当然为了提高员工的积极性公司也会给予对应的开发奖励。奖励一般是以结果为导向，如每开发一个新客户，就奖励相应的奖金等。

不过，很多时候销售/业务人员对开发新客户兴趣并不大，虽然公司给了很好的激励措施，但他们在这个方面的劲头就是提不起来，原因可能是以下几点。

(1)员工认为不划算。开发新客户需要耗费更多的精力和时间，并且还不能保证成功率；投入大，产出小；还不如多跑跑老客户。

(2)有些脾气不好的新客户对销售/业务人员的态度很不友好。销售/业务人员在开发过程中被伤害几次之后，会逐渐熄灭对新客户的开发热情，甚至产生畏惧心理。

(3)开发新客户对销售/业务人员能力要求较高，并且需要公司一定的持续支持，但很多公司在此方面一是没有系统的支持，二是没有对员工进行专业的培训，业务人员也没有真正掌握对新客户开发的技术，导致开发吃力。

(4)公司对销售/业务人员的新客户开发工作是以结果为导向，需要他们在前期有大量付出，且无法确保后期收益，各类拒绝或是中途停滞的开发工作，算不了工作量。这就意味着销售/业务人员在开发途中的付出很大程度上会付之东流，所以销售/业务人员逐渐也就懒得开发了。

其实，公司可以换个角度来看待这个问题，开发新客户难度大，难以一次性谈成，可以分步骤推进。公司可以考虑调整员工在开发过程中的考核制度，将开发动作分解，并同步进行考核分解，从技术和激励两个角度同时来促进业务人员对新客户的开发工作。

具体来说公司可以把新客户的开发工作分为以下四个步骤。

第一步，员工只要找到新客户即可，不需要和新客户进行谈判。如只要进行简单的记录和拍照，建立该客户的基本信息即可。

第二步，与新客户的初步沟通。在此步中可以介绍本公司及产品的情况，了解客户的相关情况，聊聊竞品的销售情况，以及向新客户送点小赠品、样品、宣传品等。在此阶段不急于确定合作关系，更不急于下单订货，只要实现客户沟通，且对相关情况有深入了解，收集到对方的联系信息即可。

第三步，对新客户的首批小单。此时公司或者销售/业务人员千万不能贪多求大，哪怕几十元、几百元的订单额，只要实现有实质性下单进货即可。甚至还要有意识地控制首单的数量，这样客户容易决策，同时低货量也容易形成二次订单。

第四步，常态化合作。从第二笔订单开始，就可以逐渐进入正常的订单量。此时，新客户就算基本上开发成功了。

若是将以上四步合并在一起，试图一次搞定，难度太大。将其拆成四步，循序渐进，环环相扣，不但销售/业务人员自己推进起来轻松简单，而且客户感觉也会好一些。

公司针对这四步的每一步，都要进行考核并有对应的奖励措施，不论员工最终是否成功开发这个客户，哪怕仅仅只是建立了关系，公司也要给员工奖励，并且按月核算。公司要让员工感觉到，开发客户不需要急于一步到位，要分步骤推进;只要自己把每个过程做好了就有收入。哪怕这个客户最终没有形成实质上的合作,只要进行了前几步,公司也承认自己在过程方面的工作价值。

年底冲刺阶段的考核

每年快到年底的时候,无论销售任务完成得如何,老板们都想再冲一把销售业绩。为了激励员工的工作热情和执行力,各种临时性奖励措施纷纷出台,如销量超额奖励,或是指定单品销量奖励,或是回款奖励等。员工自然也想多挣点钱回家过年,只要公司肯出钱,自然也会不吝啬力气。这看起来也似乎是两相情愿的事情,但是这里面却隐藏了不少危险和高成本。以下是一些分析,以供各位老板参考。

1. 透支未来的销量

公司针对销量及回款的奖励措施,的确会促进员工的工作积极性,也能带来一定的业绩增长。但是,一些员工为了拿到这些奖励,在销量及回款方面,往往是只顾数量不顾质量。为了争取客户的配合,拍胸脯开空头支票之类的事情自然不会少，甚至明知客户当前没有多少消化量，也会先让客户把货进了。从本质上来说，这其实是在透支公司未来的销量。并且，大量进货在后期还会导致退换货等一系列问题，最终还得要公司来买单。

2. 忽视过程工作

产品陈列、客情、沟通、当前问题的处理，这些是过程，回款和销量是结果。没有过程就没有结果，这个道理大家都知道。但是，若是公司把考核方向定在结果上，业务人员自然也盯着结果。而实际上得要先把过程工作做好后面才有好结果。但是，多数员工没有这样的战略思维和耐心，短平快见效果才是员工想要的，员工没有多少心思去做当前要付出且又不能马上见效的过程工作，于是导致过程工作的质量越来越差，最终导致了糟糕的结果产出。

3. 春节后的员工离职

每年春节前后是员工的离职高峰期，作为老板一定要考虑这个因素。公司在春节前鼓励销售/业务人员增加销量和回款是存在较大风险的，一些销售/业务人员如果打算春节后离职，有可能会在前期透支产品销量，将会造成客户库存爆满，开出一堆的空头支票。这一系列的问题最终还得公司想办法解决。

4. 防止制度被个别员工利用

若是公司在每年年底都会针对销量或是回款增加特别的奖励，那么可能会有个别销售/业务人员利用这个规律，平时不积极推动能做的销量以及货款的收回，只想等到年底公司出台更高的奖励政策时，再来做销量做回款。这样就会彻底打乱公司的年度销售工作节奏。

综上所述，考虑到公司的可持续发展和相关风险，笔者建议公司要调整在年底冲刺阶段的激励方向，可以从如下方向考虑：

(1)激励措施不但要看结果,还要看过程。

(2)不但要想到今天的生意,还要想到明天的生意。

(3)不但要看到利润,还要看到风险和成本。

(4)不但要看到今天员工还在职,还要做好明天员工都会走的准备。

根据以上思想导向,在年底冲刺阶段,还可以设定哪些考核指标呢?

(1)客户档案的建立。

员工除了获取新客户的地址以及其他联系方式之外,还可以再深入一些。例如,新客户的生日、照片、产品结构、身体状况等。

(2)客户的销售与结算特性信息收集。

每个客户在进货和销售上都存在各自的特点,有的喜欢销售老产品、有的喜欢销售新产品、有的喜欢高利润的货品、有的喜欢便宜产品。另外每个客户的结算方式也各有特点,有的是晚上结账、有的是下午结账、有的是客户夫妻都在时才能结账、有的客户要先看过库存后再结账……针对这些特点,员工要做好收集工作。

(3)客户自身问题的收集。

每个客户自身都必定在被一些问题所困扰。例如员工管理问题、店里人气不旺、客单价太低、新品不好做、房东要涨租金等,这种困扰客户的问题销售/业务人员都可以收集过来。

(4)历史遗留问题的处理。

客户在与公司合作的过程中,或多或少都有些历史遗留问题,一直拖延没彻底处理。老板可趁这个时机,通过员工进行全面的收集与集中处理。

(5)客户满意率。

通过电话客服的访谈或是公司老板的亲自走访,收集客户对销售/业务人员的满意度，将其作为一个考核标准。

5. 产品标准化陈列

公司所设定的产品的标准化陈列方式也是市场工作的基础所在。在没有谈销量之前，公司可以先看看有多少门店在货架陈列方式上是达标的。

6. 优秀货品陈列评选

在货品标准陈列的基础上，是否有部分终端门店做到了更好的优秀陈列，也可以作为考核销售/业务员的一个标准。

上述这些考核指标，是聚焦在员工工作过程和质量的建设上，以引导员工做好过程工作，做好基础工作，将以后的市场收益打好基础，让老板放心，同时也是让客户放心。

公司中层干部考核的设置

作为公司主管、经理一级的中层干部，工作涉及面广，需要考虑的问题多，还要承担对下属员工的管理职能。总体工作量大，承担的压力也更多。

公司可以通过针对性的考核设计，明确对其考核方向，量化考核点，以此来引导其工作方向，梳理工作思路，避免工作繁多而导致的纷乱。同时，通过后薪酬的兑现来获取公司对中层干部工作价值的认可。

在老板看来，员工既然已经晋升为中层干部，涨薪是一定的。但在工作态度、压力、责任承担、全局观、悟性、理解能力等诸多方面，老板都会提出更多的要求，建立更高的考核标准。不过，对一些中层干部来说，会出现当前考核要求太高，追赶考核标尺很吃力的问题。即便可以完成当前的考核指标，为了避免公司在后期进一步提升考核标准，往往也会有意控制，卡着点踩踩刹车，刚刚过线完成就行了。避免完成得太顺利，老板后期会再增加考核量的情况出现。还有个别中层干部为了迎合考核、迎合老板而弄虚作假，脱离了工作的核心价值。

面对这些问题，首先公司老板要明确一点，公司为什么要对员工进行考核：考核是为了引导员工工作和努力的方向，是体现公司对员工的期望值，是衡量员工工作价值的标尺，是标注员工所存在的不足。同时，也是在促进员工思维的多元化拓展。

公司对所有的员工都要进行考核，包括基层员工和中层干部，但在考核方式上，是存在些区别的。

1. 对基层员工的考核特点

针对基层员工的特点，考核要做到：

(1)高度量化，以结果为导向；

(2)考核当前的工作成果和价值；

(3)侧重体力与执行的价值。

2. 对中层干部的考核特点

针对中层干部的特点，考核要做到：

(1)以公司及项目的整体持续运营为导向；

(2)要多维度考核；

(3)看全局，看长期；

(4)侧重脑力和管理的价值；

(5)注重工作中的规划、协调、资源整合、创新、应急处理等能力的运用。

在价值肯定和薪酬方面也是有区别的。薪酬体现的较为直接，尤其是当前的收入；而价值，则是体现在个人的身价和能力，自己可持续的发展空间上，这也就意味着个人收入的可持续发展空间。

对员工的考核是公司一种引导手段。作为老板，希望往哪个方向来引导中层干部，或者说希望中层干部成为什么样的人，应进行量化的明示，诸如：

(1)要充分了解公司的发展目标与战略意图；

(2)自身基本功扎实，至少不能低于下属；

(3)自身执行力强，能起到带头表率作用；

(4)能持续培养下属；

(5)对公司当前的运营体系，能进行完善修补升级；

(6)有全局思维，能把握过程与结果之间的关系，内部管理与外部经营的关系，战术与战略的关系等；

(7)有创新能力，有前瞻性；

(8)有规划设计能力；

(9)有风险防范意识和预见能力，对紧急突发事务有应急处理能力；

(10)对事务的协调和对资源的整合能力。

公司不但要量化这些标准，而且还要要求标准有所提升，不能让中层干部认为自己在这个岗位是理所当然，诸如：

(1)晋升为中层干部,不是工龄积累的必然,也不是前期付出的回报;

(2)晋升为中层干部,更多的是一种尝试,公司给机会让自己尝试能否胜任更高级别的工作;

(3)公司愿意提供这个尝试的机会,并承担相关的投入和风险,若员工晋升之后无力胜任,还要被降回原级;

(4)公司要列明胜任中层干部的各项标准,并稍有拉高,目的是引导员工对照自己还有多少欠缺的地方,该如何来增补完善。

接下来,公司要引导中层干部调整思维,尤其是销售/业务部门的中层干部,诸如:

(1)业务岗位晋升上来的中层干部,思维习惯不能停留在以销售结果为导向的阶段;

(2)原来是自己做,现在是要带着团队做;

(3)原来是考虑自己,现在还要结合公司高层与下属员工的想法;

(4)原来是考虑自己的工作范畴,现在要考虑公司的全局运营;

(5)原来是考虑这个月和今年的工作规划,现在要考虑明年或更长时间的工作规划;

(6)领导的待遇高,意味着责任也高;

(7)要能担当,不但要对自己负责,还要承担下属过失的责任;

(8)更强的执行力,更高的专业技术能力;

(9)更大度,乐于分享;

(10)要被更多人监督、对比,乃至指责。

另外,对中层干部可能会出现的问题,老板应对其提前说明,希望其改正或避免出现,诸如:

(1)工作没有主见,总是等指示;

(2)推一下,动一下;

(3)弄虚作假,敷衍了事;

(4)有麻烦直接推给老板,而不是带着解决方案找老板;

(5)自己不会,也不肯教导下属;

(6)抢功,推卸责任;

(7)以权谋私,带头违反公司规章制度;

(8)公报私仇,有失公允。

公司之所以列出这些标准,是为了引导中层干部做自我评估,看看自己的工作是不是合格,看看自己的实际执行力和产出价值。这些标准既是公司标准也是行业标准。换家公司,员工也是要基于这些标准来衡量自己的职务和收入;若是自己创业,相关标准还要更高。所以,作为中层干部不要急于对比和纠结工资的高低。

综上,公司对中层干部的考核设置,具体可包括以下这些指标。

1. 整体收入的构成

(1)基本工资:可起到保底、旱涝保收的作用。

(2)标定项目的奖金:完成项目就能获得,公司有明确的量化要求;完不成要相应地扣钱。

(3)一些开放式的奖金设置:员工做到了就能获得,但做不到也不扣钱。

(4)福利:可以看作相对于普通员工的小特权,如能报销的费用、一些专属的配置等。

2. 固定工资

公司中层干部的基本工资一定要高于普通员工,高出的范畴在 30%～

100％之间，体现的方式有两个方面：

(1)直接拉高固定工资数额。

(2)把固定工资拆成两部分，一部分是工资，另一部分是岗位津贴。基本工资可与普通员工一样，但在岗位津贴上要拉开距离。

3. 明确公司发展方向

作为中层干部，先得要明确公司的发展方向。方向错了，一切努力都是白费。公司的发展方向包括：战略规划、市场定位、基本策略、推进路径等，在这方面对中层干部的考核包括以下几个方面。

(1)首先看其是否能正确而完整地了解公司的发展方向；

(2)在公司战略层面是否有思考和创想；

(3)在战略层面的实质推进和资源引进；

(4)能否通过发言自述或是书面文件等形式来表达；

(5)考核的时间点可以选择季度、半年度或年度等。

4. 工作作风

工作作风也可以看作是中层干部实际展现出来的工作态度，具体包括：

(1)对公司当前规章制度的遵守、服从；

(2)示范表率作用；

(3)做事扎实、靠谱，项目跟进到位，有始有终；

(4)严谨、细致、周全；

(5)敢于承担责任；

(6)对风险和后期工作有预见性；

(7)言出必行，有信誉；

(8)今日事今日毕，不拖拉；

(9)会规划，能统筹协调；

……

5. 销售业绩

销售业绩直接为公司创造价值，具体包括：

(1)广义的销售额，指客户的进货额以及对外的实际销售额；

(2)回款；

(3)产品结构，尤其是重点产品的占比；

(4)毛利与净利；

(5)业绩的增长(是增量里的增长，还是存量里的增长)。

6. 业绩产生的过程

对基层员工来说，考核一般是以结果为导向的。但是对中层干部来说，公司则要增加对其过程的考核。

产生业绩的过程包括：新市场的调查、新客户的开发、新产品的导入、终端覆盖率、货品的陈列摆放、终端生动化、推广宣传工作等。

公司通过这种过程考核，引导中层干部完整地看待从过程到结果之间的关系。

7. 系统建设

小公司强调的是个人能力，大公司注重的是整个流程能力。这里的流程包括标准、流程、技术方法、关键要点、工具、透明化、风险预案等，只有系统化公司才能实现半自动化运营。

对公司来说，员工不可能在公司做一辈子，随时都有辞职的可能。公司建立流程化，也是为了方便内部轮岗或是新员工对工作的迅速接手。

所以，鼓励中层干部提升自己的工作能力，要具体体现在对公司的流程建设上，不断地为公司当前的流程建设添砖加瓦，持续增补完善。把自己掌握的技术方法变成公司整个系统流程中的一部分，人人都可用。

8. 标定项目不达标

设定考核目标是一回事，但员工不见得个个都能达标完成。对于不达标或是工作中有失误过错的情况，建议不能直接扣钱，而是改为延迟发放的办法，这是考虑到：

(1)直接扣钱，让中层干部没面子；

(2)钱扣后产生的抵触情绪，后期改正很难；

(3)只是延迟发放，等员工完成相关工作指标后再发，例如 8 月份的销售业绩缺 10 万元，那么 8 月份的销售奖金暂不发放，到 9 月份时，中层干部先把 8 月份所欠的 10 万元销售额完成了，公司再把 8 月份的奖金补发。

当然，9 月份若是先补 8 月份欠缺部分，势必要影响 9 月份的销售进度。所以，员工一般也不会给自己找麻烦，会尽量当月任务当月完成。

9. 叠加考核项目

公司对员工的收入不能设置上限，至少在理论上不能有上限。因为员工对收入的目标是没有上限的，所以公司要主动给员工设置多元化的收入渠道，给员工留出挣钱的机会。因为单一的收入渠道，可能会导致个别员工自己想办法拓展收入渠道(更多是违反公司纪律的)。

叠加考核项目的参考：

(1)在效率提升、成本控制、风险隐患、管理空白填补等方面的合理化建议；

(2)对下属的培训(培训场次和成材率)；

(3)独立建立的运营系统；

(4)紧急事故的处理。

10. 关联提取

作为公司的中层干部，相较于普通员工站的位置更高，为公司做出的贡献更大，理应在更广的范畴内获得相应的利益回报。公司在对其考核项目的设置方面，除了对中层干部自身的独立考核项目外，还可以关联其他考核项目，诸如：中层干部所管理的部门和下属团队所取得的收益，中层干部可以提取一定的比例。全公司的总业绩和总收益，也可以提取一定的比例。以此来引导中层干部关心每个下属，关心整个部门，关心整个公司的运营收益。

11. 服务待遇

为了方便中层干部的工作，提升工作环境质量，照顾个人情绪(面子)，公司还可为中层干部提供各种服务类的待遇，诸如：

(1)有单间办公室；

(2)有专车和专属停车位；

(3)有弹性上下班时间；

(4)可以不打卡、不穿制服、不挂胸卡等；

(5)有专属生活设备的配置；

(6)有内部服务人员的专项服务等。

……

以上这些也是更加体现出公司对中层干部的尊重和照顾。

12. 费用补贴

因为工作需要，相对于公司普通员工，中层干部的因公开支更多，公司在费用补贴方面也要相对宽松一些，诸如手机费、交通费、出差标准、餐费、礼品客情费用等。

13. 信任与权限

为进一步体现公司对中层干部的信任，公司可以对中层干部开放一定的权限，例如：

(1)提升费用报销权限、额度和范畴等。

(2)当中层干部达到一定等级后，相关费用的使用可以事前不报备，事后不说明，费用报销无须公司审查，每年只是有几次随机抽查(还是要保留一定的威慑性)等待遇。

(3)对部门的活动费用有自由支配权。

(4)可自行设定给予客户的礼品和小红包等。

以上这些不仅仅是钱的问题，而是公司基于对中层干部的信任而给予的权利。

14. 兑付周期

一般来说，收入少的基层员工，收入的兑现期要短；收入高的中层干部，收入的兑现期要长。

中层干部兑现期要拉长，至少是以季度为单位进行兑付，原则上是半年或是一年一次。公司通过兑付期的延长，引导中层干部看待工作要有全局观和长远性，不能急于追求当前的成果，避免出现急功近利或是透支未来的情况。

15. 年度汇总

每年年底中层干部要做个总体汇总，内容包括：

(1)对公司的战略规划理解是否正确，实际执行过程中有无偏差；

(2)员工对中层干部的工作作风评议；

(3)相关业绩或是工作成果情况；

(4)过程建设类工作情况；

(5)培养员工情况(成材率)；

(6)发现的问题，提出哪些基于系统完善的解决方案；

(7)是否有独立建立系统；

(8)工作中的误差率；

(9)处理了哪些紧急突发事件。

……

16. 平衡考虑

中层员工的高收入，也许会让个别基层员工心中不平衡，所以在公司层面得要设法平衡基层员工的看法，例如老板可以向员工明确表示中层干部工作中遇到的困难和问题，如：

(1)中层干部的工作压力大；

(2)全程被监控，高压线多；

(3)工作时间长，私人时间少，影响生活质量；

(4)考核维度多，并且更加严格；

(5)虽然收入高，但收入兑现期长；

(6)工作质量的执行标准要求更高等。

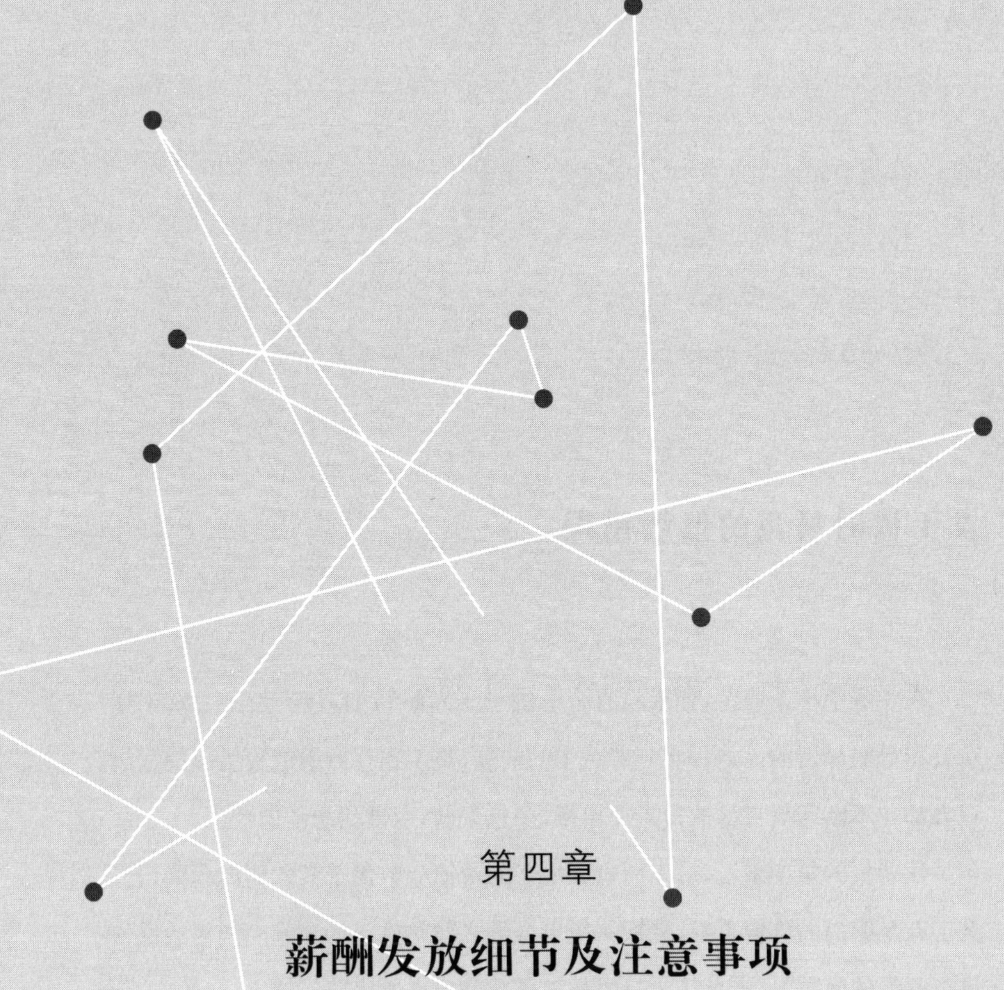

第四章

薪酬发放细节及注意事项

发工资时易犯的低级错误

在一些中小企业中，如果没有合适的员工薪酬待遇，员工是不会对工作、对公司尽职尽责的。老板在盯着员工的业绩，员工也在盯着老板给出的薪酬，双方都在不断衡量自己的投入产出率，一旦失衡，双方纠纷随即产生。

从老板的角度来说，员工所贡献出来的价值应数倍于其领到的薪酬，若是员工有足够高的价值贡献，老板一般也会随之调整员工的薪酬。换句话说，在员工薪酬的问题上，老板认为只要员工所贡献出来的价值足够大，自己也不会在薪酬方面过于小气。

但是，出于种种原因，许多公司在对员工的薪酬设计方面却是存在不少糊涂之处，钱没少花，却没起到应有的效果。不但没有有效地激励员工，反而受到员工不少埋怨。这种问题在中小型公司里尤其突出，笔者简单地整理了几点，以供各位参考。

1. 新员工的半月工资

员工工资一般是以月为结算周期，但是新员工入职时，可能是月头或是月尾来，这样在第一次发工资时，公司要么会按照员工当月实际工作天数来发工资(往往就是半薪)，要么是把当月的实际工作天数合并到下个月一并发放。在老板们看来，这是很正常的，他们认为新员工工作多少天就发多少天工资，没有什么不妥。

但是，老板也要考虑另一个问题：公司给员工发工资，一方面是在付出工资成本，另一方面是希望得到员工加倍的工作业绩作为回报。要想员工有更高的业绩，除了工资这个促动因素之外，还有个很重要的问题，就是员工是如何来看待这家公司和老板的，或者说员工给公司的定位是什么。若是员工把公司定位成一家具有良好发展前景的公司，把老板定位成一个值得信赖、有能力、有胆识、有魄力的人，这将直接提升员工对公司、对工作的信心和态度，从而促使员工产生更大的工作业绩。而员工对公司、对老板的定位主要是在员工新进公司的时期形成的，尤其是刚进公司的第一个月，这段时间正是新员工形式对公司、对老板基本印象的时期。员工在这个时期对公司的定位很大程度决定了其今后的工作态度。

当然，几乎所有的老板都希望员工对公司有个好的印象，那么，如何来做到这一点呢。其中有个很简单的方式，就是在新员工第一个月工资的发放上有所改进，在第一个月向新员工按照整月发放工资，不管这个新员工在第一月里工作了几天，都按照整月发放工资。

这样做，虽然公司多付出了半个月(最多一个月)的工资，但是收获却是超额的。首先，积极推动了新员工对公司的良好印象，从而树立对公司的正面定位。同时，这也是个很好的激励措施，在员工看来，这个事实至少说明老板是一个敢于付出的人；在大多数公司给新员工首月工资按实际工作天数发放的情况下，本公司按照整月来发放，更能体现当前老板不一样的气度和胸怀，员工自然更有信心和兴趣。

2. 工资延后发放

大多数公司都会规定在某个固定的时间发放工资，在一些较大的公司里，因为有完善的财务系统，基本上都能保证准时准点给员工发放工资。但是，在一些中小型公司里，虽然也有固定的工资发放日，但如果遇到老板出差、公司资金暂时周转不开等情况，员工的工资发放可能要往后拖几天。也许这样做老板认为没有什么，只是晚几天而已，并没有少付给员工。

但是，这只是老板的想法，员工往往不会把它看成只是工资延迟几天发放这么简单的事情。因为，工资往往是一些员工的唯一收入，也是其家庭的主要收入，一旦工资延迟发放，可能会打乱员工的家庭开支计划，从而可能带来一些影响家庭内部和谐的因素。

又因老板只是轻描淡写地看待这个问题，自然要引起员工的诸多不满，进而导致工作热情降低，工作效率下降。

其实，公司一分钱都没有省下来，反而落了一堆的埋怨，还导致员工工作绩效下降等连锁反应。其实这个问题的解决办法也极其简单，就是公司要严保工资的准点发放，甚至提前发放。在笔者的公司里，每月规定 25 日发工资，但工资表和现金在 20 日已经准备到位，根据员工的工作状态决定准点发放还是提前发放。若是遇到老板出差或是节假日，公司一定会提前发放。

3. 发放工资时老板的态度

有些老板在发工资时，态度往往不太好。这是因为有些老板觉得公司每月会雷打不动地给员工发工资，而一些员工的表现和业绩却有问题。有的老板甚至会觉得，有的员工对不起这份工资，可看着一些员工心安理得的样子，老板心里自然不高兴。

当然，老板有发火的权利，也有发牢骚的权利，但是在发工资时表现出来，是对员工一种很大的伤害，这将会直接刺激员工，让员工感觉自己工资拿得不舒服，最终影响自己的工作积极性。

很多时候，一些员工在领工资时心里对公司、对老板多少有一些愧疚的心理，觉得自己还有很多方面没做好，以后要努力。可如果老板这么一发火，马上就会把这点愧疚心理冲荡得无影无踪，取而代之的是对老板的对立情绪。所以，在这时老板不但不能发火或是发牢骚，还应该比平常更加客气，双手把钱送给员工，感谢员工这月的辛勤工作。这样做，可以从正面引导和激励员工认真工作，回报公司与老板。

这里还有一点需要注意，工资最好不让财务人员直接面向员工发放，而是老板亲自发放。

发工资的四种模式

实际上，多数员工到公司上班主要是为了工资收入，之所以能在公司里长时间待下去，也主要是因为工资。

发工资这种事情，并不是给得多员工就满意；也不像一些老板想得那般简单：多劳多得，少劳少得。客观来说，公司薪酬的设计应包含三个要素：

(1)员工收入的多元化。

(2)薪酬的计算模式。

(3)薪酬的发放模式。

在这里，我们重点讲解薪酬的发放模式。笔者将常见的薪酬发放模式归纳为四种：采购模式 、分钱模式、成长模式和发展模式。

1. 采购模式

在老板看来，有什么样的岗位就要做什么样的工作；老板给员工多少薪酬，都会提前和员工说清楚；若是员工干得好，老板还能给再加点。而员工会认为，既然只给这些钱，就只能做这些事情。可以将这种模式理解为，老板就出这么多钱来"采购"，就看员工"卖不卖"了。当然，双方都会一直保持计算和计较，很容易感觉是自己吃了亏。

2. 分钱模式

老板在自己的公司利润里，拿出一些钱来分给员工。诸如奖金、分红、股份等。员工帮公司赚的钱越多，员工自己分到的也就越多。

一些公司业务部门的考核大多数都是这种"分钱"模式。老板不怕员工多拿钱，员工拿得越多，说明老板自己赚得越多。当然，老板的出发点也很简单，就是希望员工把工作当成自己的事业，试图借此来解决员工工作积极性的问题。

至于分钱模式与员工的实际收入，员工对老板信誉的认可度，与工作热情所匹配的职业技术，公司后台系统的支撑作用等方面的问题，老板们也就没有想那么多了。

3. 成长模式

这种模式即是，公司出于对员工入职后的成长考虑，一步步引导员工的自我提升。公司不急于员工的回报，而是可以承受员工早期的负资产状态（员工的工作价值抵不上自己所得的工资）。

公司可以基于员工在入职后的持续提升，分阶段地用薪酬给予肯定和引导。诸如以下这种月度考核模式。

第一个月：考核的重点是员工自身职业技术的学习情况。

第二个月：对市场、产品、竞品、运营、客户的了解情况。

第三个月：相关基础工作的执行落实情况。

第四个月：开始业绩产出类的考核。

第五个月：开始增加对超标业绩、创新、新领域拓展方面的考核。

公司在员工身上不急于求成，不急于回报，而是以薪酬考核作为引导工具，一步步引导员工从提升自己的职业能力开始，然后再做好基础工作和落实执行力，之后是健康地产出业绩，并保持对员工自身发展创新能力的肯定。

4. 发展模式

老板应该知道，很多员工不太可能在自己公司里干一辈子，要么跳槽，要么自己创业。所以，公司可以从员工个人发展的角度来建立对应的考核模式。

公司提供给员工的，不仅仅是当前的工资收入，而是全面考虑员工个人未来的发展，培养员工较为全面的管理和运营能力，对行业深入了解，危机和事故处理能力，人际关系的建立，个人品牌的建立，个人意志力的打造等，全面提升员工的综合能力和价值，以有助于员工的晋升和创业，甚至可以把员工打造成未来的商业合作伙伴。

发工资的频率

公司要多长时间发一次工资？

常规的做法是一个月发一次，这样财务部门核算方便，员工也已经习惯，操作模式也简单。

但简单不代表高效，在工资发放频率这件事上，也是有提升空间可以挖掘的。例如公司可以考虑按照职务的高低来设置不同的发放频率。职务高的发放频率少、周期长；而职务低的，发放频率高、周期短。具体可参照下表。

各职务薪酬发放频率

职　　务	薪酬水平	发放频率
销售总监、副总、行政总监等	高收入	半年一次
部门经理、中层干部	较高收入	每季度一次
普通员工	一般收入	每月一次
司机、促销员、装卸工等	较低收入	每半月一次

之所以这样设置，是出于以下几个方面考虑的。

(1)高收入的员工，一般家里经济条件尚可，工资的发放周期长一点，基本不会影响到其个人及家庭生活。

(2)较长的工资发放周期，在促进高级别员工的长远规划性，平衡过程工作与结果工作之间关系，乃至增加安全牵制等方面，都有一定的作用。如果工资发放周期短，员工也往往会更加关注短期内出成果的工作，对于需要持续投入的过程建设类工作关注度会下降。若是高级员工，受工资发放周期的影响，过多关注当前的收入，会降低整个公司的运营格局。工资发放周期变长，员工自然要考虑未来收入，以避免透支。在没有当前结果考核的压力下，自然会遵循先过程再结果的工作节奏。

(3)高级别员工的工资兑现期长，还能在一定程度上平衡低收入员工的一些看法。很多时候，低级别员工对高级别员工的高收入存在一定的抵触情绪，不过，当对比到他们较长的兑现周期时，心里多少会平衡一些。

(4)对于一些低收入员工来说，可能其家庭现金储备有限，一个月发一次工资，可能周期就长了一些。尤其是家里遇到事情，急需用钱周转的时候。所以，公司有必要降低这些员工工资的发放周期，方便员工的现金周转。

(5)对于一般收入的普通员工，公司则可以继续维持按月发放的频率。

此外，还有一个思路，公司可以仍然以一月为工资核算周期，但把工资类别拆开分别发放。例如把工资拆成基本工资、奖金、福利这三种形式。具体执行办法可参考下表：

工资发放执行方式

时间点	发放类别	备　　注
每月 10 号	发放上个月的奖金	
每月 20 号	发放当月的福利	可以扣除上月的考勤扣罚部分
每月月底	发放当月的基本工资	

这样设置是出于以下考虑：

(1)基本工资当月(月底)发放，从不拖延，可以体现公司的诚信。

(2)考核奖金之所以要拖延到下月 10 号发，是因为要留出业绩统计、考勤统计、奖金核算的时间，这个时间的拖延员工是可以理解的。

(3)每一次发钱或是发福利品，对员工来说都是一次激励，能一定程度促进员工工作状态的正面提升。若是公司将每月一次的薪金发放改成基本工资、奖金、福利每 10 天一次的发放频率，那每月就有 3 次员工激励，将大大促进员工的工作热情。

工资发放日期的设计

大多数公司,每月的发薪日都是固定的,上月工资多是集中在下月的10～15日发放,并且工资奖金是合并在一起发放。财务部门会提前做好工资表,待老板签字确认之后,到了发工资的日子,如期发放下去。

不过,公司在具体发放日期的设置方面,也可以进行一些优化。同样是发工资,公司若是兼顾员工的感受,效果自然会更好一些。

1. 几号发放工资比较合适

上文所说,很多中小公司出于财务部门核算及防止员工突然离职的需要,一般是在月中发放上月工资。但出于对员工感受的考虑,建议公司发工资的日期要尽量及时为好。当月的工资,最好是当月底就直接发下去,而涉及考核核算的工资部分,可以适当延迟些,让财务人员有时间进行核算,但延迟时间也不宜过长,控制在下月10日之前为佳。若公司有福利品发放计划,可以安排在下月20日左右为宜,与奖金的发放日期再拉开一些。

2. 工资和奖金合并在一起发放,还是分开发放

笔者建议工资和奖金要分开发放,原因有两个:

(1)奖金核算需要时间,不能因为等待财务部门对奖金的核算,而导致基本工资的发放日期受影响;

(2)发工资是对员工的激励,公司增加发工资的频率,虽然财务部门可能

会增加一些工作量，但相对员工激励的增加，还是很合算的。

3. 工资延期发放会带来什么问题

很多公司的工资发放日都是固定的，若是遇到工资发放日在节假日，一般还会顺延到节假日之后再发。但很多事情上，老板想的和员工想的可不一样，尤其是发放工资这件事。在老板眼里这不是什么大事，但是在员工眼里这可能就是最重要的事情了。若是发工资的日期一旦有变化，对员工可能造成很大的影响，进而给老板信誉等方面带来一定的麻烦。

在工资的及时发放这个问题上，笔者建议各位老板多考虑员工的感受，既然确定了发工资的日期，就应该遵守这个最起码的承诺，遇到困难也要克服，确保及时发放。老板应要求财务部门提前做好相关的核算工作，及时让老板批复。若是老板出差在外，可提前批复或是指定委托人签批；若是遇到发工资的日期赶上节假日，可提前发放。

工资发放时的细节改善

在很多公司老板看来，发工资这项工作很简单，不存在什么技术难度，只要让财务人员给员工发现金或是打到员工的工资卡上就可以。

发工资属于公司内部管理的范畴。内部管理工作虽然不能直接创造利润，但可以通过提高效率、优化流程、有效配置等方法，实现各个管理环节的优化，最终使公司在成本控制上获得收益。那么，除了上文所述，在工资具体怎么发这个问题上，还存在哪些提升的空间呢？

在做一件事情之前先得想明白，为什么要这样做。关于发工资这件事，笔者建议老板，在观念上应调整一下看法：

(1)员工是客户，工资是商品，商品需要销售需要有包装。老板可以将工资看成商品，商品需要销售给客户。

(2)工资不是发给员工一个人的，而是发给员工一家人的。

(3)把账算清楚了，责任就明确了。发工资的时候必须把账算明白，同员工讲清楚。不然的话，员工永远觉得工资少。

具体来说，在给员工发放工资时，有些细节可以进行一些改善。

1. 工资谁来发

在稍微有些规模的公司都会有专职的财务人员，员工的工资一般都是由财务人员来发放的。这里笔者想要表达的是，财务人员对待发工资这件事一般只会公事公办，可能有时并不会注意自己的态度，因为发工资是件麻烦的事情。公司那么多人的工资要一一核算发放，并且要每人清点签字，有时还会出现一些账目问题。而财务人员的表现又会直接影响员工的心情。对员工来说，领工资本来是件令人高兴的事情，但如果需要看财务人员的脸色，原本的好心情就会被破坏了。所以，笔者建议工资发放工作由老板亲自来进行，不过这里需要有两点注意的地方。

一是老板在发工资时要和颜悦色，保持微笑，还要对员工进行鼓励。都是发钱，为什么不让员工高兴点呢。

二是，很多时候公司可能需要对员工进行相关的教育，但最好的教育时机就是在发钱的时候。员工在拿钱时，回顾下自己本月所做的工作，或许想到有时不尽心的状况，心里自然会涌现对公司、对老板的愧疚感。这个时机也就是教育员工最好的时候。老板可以在当面发放工资时，微笑着同员工提几句建议，一般员工这个时候也能听得进去。

2. 发工资送赠品

促销活动中的赠品大家应该不陌生，买个几十、几百元钱的东西时还有个赠品，心理会非常高兴。那为什么公司发几千甚至上万元的工资时，不能也送点赠品给员工呢？员工在领取工资时，心情本身就不错，若是公司能再锦上添花，让员工的心情更加的舒畅，岂不更好？工资本身能给员工带来一定的激励，若是在发放工资的同时，再给增加一些赠品，将更能有效地提升员工正面心理感受，产生更多的正面刺激（这与促销活动中的赠品给消费者带来的感觉一样）。

那么，公司应该选择什么东西作为发工资时的赠品呢？当然，价值不能太高，还得与工资本身有一定的关联性，例如：送钱包、送彩票、送理财计划书、送零钱储蓄罐等。同样是发工资，花些小钱，让员工更加开心，将更有利于公司和谐的氛围。

3. 关于工资签收表

员工领工资（现金），得有个基本的签收。很多老板把这个签收环节仅仅当成是一个确认程序，让员工签个字就完事了，甚至把一堆人的工资都做在一张表上，让大家各自签上自己的名字。这样做会造成员工进行工资对比，从而产生不平和纠纷。当然，有些公司也会给员工单独一张工资条，上面各个名目很清晰。可这一个长条，也显得有些呆板。

笔者建议公司可以注意形式感，如，用红色的硬卡纸，黑色字体打印，为每位员工单独做一张工资签收单；以年度为单位，每人单独一张。平时装在档案袋或是大信封里由财务部门或老板保管，员工在领工资的时候，拿出来让员工在自己的专属工资签收单上签字。员工个人每月的收入都集中体现在上面，也可以让员工看到自己收入变化的过程。

4. 工资中的资产消耗表

员工在公司上班，给公司创造财富的同时，也是在消耗公司的资产，甚至是浪费公司的资产。有些员工每月不合理的资产消耗甚至超过了他给公司所创造的财富。这样的员工会给公司造成损失。但是，很多公司在这方面却没有一个清晰的应对体系，来清晰核算每位员工的实际资产消耗和价值创造情况。这里有个简单的办法，可以初步实现员工对公司资产的消耗进行分析。即是将员工每月的各项公司资产消耗情况汇总出来，分解到每位员工头上。公司可以在发工资的前日，张榜公布，让大家都能看到。

单纯从计算的角度来说，把这个账目核算出来并分解到每个员工头上并不复杂。若公司能够持续坚持下来，也只是个持续核算的过程，但却能让员工感受到当老板的不易以及从自己手里花出去的钱，然后对比自己究竟为公司创造了多少利润。

5. 与工资同步的业绩分析表

员工在领取工资之后，很少有对工资数额高度满意的，多数员工会感觉工资的收入低于自己的期望值，甚至有些员工会认为老板太小气，只给自己发了这么一点工资。其实，很多时候并不是老板真的把工资发少了，而是员工认为自己的工作付出和给公司创造的价值，与自己领到的工资不匹配。不过，大多数员工并没有对比进行理性的分析，只会单方面地抱怨老板太小气，却很少检讨自己的实际付出。

为了引导员工理性地看待自己的收入所得，减少对工资数额的单方面抱怨情绪，促使员工提升的工作效能，公司在给员工发工资时，可以考虑对员工进行业绩分析，理性地分析、评估员工在上个月中，究竟做了哪些工作，创造了哪些价值和效益，同时消耗了公司多少成本，或者因为工作不力给公司带来哪些损失。

业绩分析的主要内容包括：

(1)当月各产品的任务量，完成量，完成率；

(2)应收款到位情况；

(3)相关市场活动的执行情况；

(4)执行力与创造力概述；

(5)因为工作不力，带来的额外成本、事故、损耗，或是事故隐患；

(6)当月工作中的优点和进步；

(7)当月工作中的问题和进度需要改进的方面；

(8)下月工作重点。

……

公司给员工做的业绩分析，可通过图表的形式来体现。把员工上个月的工作业绩，计划完成情况，出现的问题，下一步需要努力或是整改的地方等，通过图的形式体现出来，例如下面的图表可供参考：

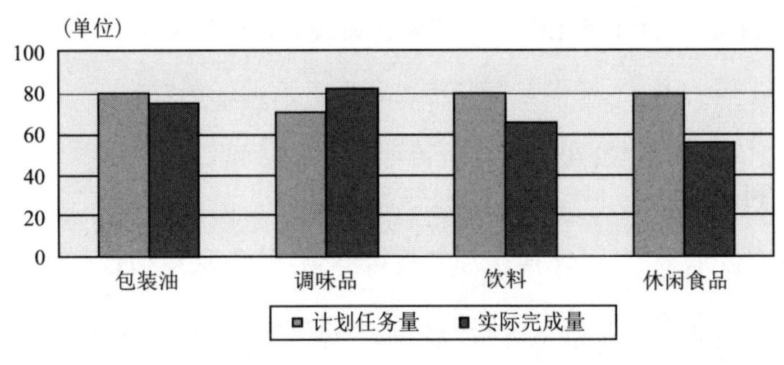

业绩完成图

工作表现状况空白表

员工姓名：________

项　　目	表现状况	改进建议
创造力		
执行力		
信息确认		
内务整理		
表格数据类工作		

成本及损失空白表

情况说明	所消耗的成本	所带来的损失

成本及损失分析表主要是用来提醒员工在工作中，因为种种原因给公司带来的损失。这样做可以让员工知道，自己除了给公司创造效益外，有时候还会给公司带来许多成本消耗，甚至造成损失。

上述的几张业绩/状况分析图表，公司除了在发工资时给员工本人外，还可以作为员工的业绩和工作表现记录表，在业务和人事部门分别进行存档。

6. 福利品

说起对发放福利，可能很多都老板嫌麻烦，认为直接给钱就完事了，而且员工也不一定喜欢。而这里说的福利品不是发给员工的，而是发给员工家人的。员工本人拿到了现金，给员工的家人发点东西，让大家都能感受到公司的付出。公司在福利品的选择上，则要更多考虑员工家人的需求特性，采购一些有针对性的物品，比如玩具（有小孩的家庭）、菜品（结婚的）、油盐酱醋洗衣粉卷纸等（父母操持家务的）。

7. 创新软性奖励

这里所说的软性奖励就是精神奖励，但很多老板却理解为口头表扬，发个奖状，给荣誉称号等内容。其实，从员工的角度来说，这种精神奖励并没有多大的实际意义，反而存在一些反向作用。因为这种表扬可能是老板在同事面前表扬自己，若是同事关系不是那么融洽，难免会引起一些不满或嫉妒，不利于自己今后工作的开展。

其实，很多人还是很在意自己能在亲人面接受表扬的，尤其是在自己的父母面前，毕竟，父母是真正为自己的孩子高兴的。作为老板，可以考虑改变对员工的精神奖励形式，在员工父母面前对员工进行精神奖励，这样一来，员工也好，员工的父母也好，大家都高兴，此时精神奖励效果才能体现出来。具体的奖励形式也简单，老板可以在员工发工资的当天，用自己的车把员工送回家，若有时间，尽可能随车同去，并带些礼物，见一见员工的父母，当面表扬员工的工作表现。这种奖励办法的效果显著，成本也较低，且没有不安全因素。

公司管理效能的提升，就是少花钱多办事，甚至不花钱也办事。光靠拿钱来提升对员工的管理成效，没有技术含量。同样是发工资，改变一些方法和形式，同样的钱却可以带来更好的收益，何乐而不为呢?

合理化建议的奖金怎么发

公司投资在员工身上的各类工资奖金提成，公司自然是要回报的。其中，支付给员工的合理化建议奖是最值得投入的奖金项目，也是投资回报率最高的奖金项目。

所谓合理化建议奖金，就是鼓励员工针对公司当前所存在的问题，提出对应的解决或优化方案，或是挖出公司管理层当前还没有发现的空白点或是风险隐患。

公司的运营是由无数的小环节构成的，公司老板的专业知识和精力都是有限的，加之视角有限，不可能发现其中所有的问题，也没有足够的技术能力来解决所用的问题。这就需要员工参与进来，群策群力，对公司的运营进行多角度、多方位的监控和解决方案思考，上下合力，不断地修补完善公司的运营体系。毕竟，老板一个人的头脑有限，要是把员工的脑力资源都整合起来，效能是相当巨大的。

在员工脑力资源整合这个方面，有些老板仍然没这个意识，没有指望员工能帮助公司，总觉得自己就是公司里最聪明的人；认为自己都没有想明白的问题，员工一定也想不出来，员工把交代的工作完成就行了，其他方面没做指望。

也有的老板在这方面有些意识，也鼓励员工对公司的运营和管理多提意见和建议，但却是只让员工提建议，不给相应的鼓励，无法激起员工的积极性。

也有些老板会给一定的工资奖励，但给的方式也有点问题：

(1)对员工提出的合理化建议，老板主动说明是有对应奖励的，但奖励标尺太模糊，没有说清楚究竟有多少。这样员工心里没底，自然也就不会轻易投入精力来观察研究。有时候，老板也会认为，员工只会嘴皮子一动提出些建议出来，这些建议是否真的有价值，能否落地执行，执行之后是否能产出效果，都还是问号。所以自己需要一个验证时间，待证明确实有效再奖励员工也不迟。

(2)公司有明确价码，但兑现时间较长。正常情况下应是在月度工资里体现，但有些老板更多的是在年终综合考评时再给员工算进去，员工等待的时间太长从而会失去积极性。实际上很多员工希望自己的投入，马上就能看到回报。这种拖到年底再算的方法实际上很难打动员工。

(3)还有些老板在给予奖励的方式上有点问题。如老板在听取员工的合理化建议后，当众直接给钱。但有时候，一些员工比较注重面子，把面子看得比钱重。若是当众拿钱，自己感觉又不太好意思，似乎自己在大家面前钱拿得没有风度……有时当众拿了老板的钱，还要请同事吃饭，这钱还不够给大家请客吃饭的。

在这里笔者建议公司的做法如下：

1. 单独和员工沟通

老板希望员工为公司多提合理化建议，若是当众说，员工可能会当成这是老板的一个工作指令，因为没有特别指定自己，也很少会往心里去的。

所以，老板要单独同员工沟通，就老板和员工两人面对面交流，老板郑重地拜托员工，就公司当前运营和管理中的问题，多加留意，并设计对应的解决方案。同时表明，这些工作会纳入员工的综合绩效。这样的话，员工感觉就会不一样，会认为这是老板个人拜托自己的事情，是对自己的信任，也是自己的责任，重视程度和积极性自然也不一样。

2. 给员工提示

即便员工非常愿意帮助公司来发现问题，或是研究解决方案，但是在刚开始的时候，难免会有些摸不着门道的情况，不知道从哪里下手，也不知道究竟该提什么样的解决方案。这个时候，老板要有所引导，给员工足够的提示。有些问题和解决方案，老板自己已经明白，但也不要直接说出来，而是要指引员工去发现、去思考，甚至引导员工一步步设计出解决方案。这也是手把手教导员工，让员工自己找到感觉和基本思路。此时，即便方案差不多都是老板做出来的，这个功劳也要算在员工头上，该给奖励还是给奖励，这点小钱不能省。

3. 多样化提报形式

既然是公司鼓励员工提出建议，那么在提出建议的形式上就不能拘束，例如非要员工按照规定的格式写正式报告文件，动辄就要员工写一两千字的分析报告等。这样只会打消员工的积极性。在形式上要尽量宽松，文字报告自然最好，会议上的直接发言、短信、邮件、单独沟通等形式都可以。公司不要在乎形式，只要能把事情说清楚就行。

4. 及时的肯定

既然员工有提出建议，且不论所提出的这些建议是否有价值，至少员工有这个积极性，这就是值得肯定的。员工的积极性也是要保护的，所以当员工有建议提出时，老板应第一时间给予反馈，至少在语言和态度上对员工的建议行为进行肯定。

5. 迅速给予奖励

员工提出的合理化建议，公司得给予相应的回报。有价值的要给，没价值的也要给！只需要在金额上有所区别即可，例如合理化建议的基本奖金是 30 元，有价值的可以多加一些。老板也许会担心，若是员工提了没价值的建议还要给钱，是不是亏了。但公司收集员工的合理化建议，得要算总账。员工的建议不可能个个都有用，能有一两成用得上的就很不错了。那些没有用的建议，之所以也要给奖励，主要是保护员工对提建议的积极性。

那么，这个奖励怎么给，是放在每月工资里还是年底考核里？这里笔者想说的是，不论是月工资还是年底奖金时间都太长了，没法起到及时肯定和持续促进的效果。这种奖励要当天给！不过不能给现金。试想一下老板在听取员工的建议后，当场在钱包里拿出 50 块钱来奖励给员工，想必大多数员工是不会收的。笔者建议使用银行转账的办法。公司在接受建议后，稍做评估后通知财务，利用网上银行立刻把奖金转过去，并设置短信提醒。试想一下，员工早晨9:10给老板提了一个建议，10:30手机短信就显示提出建议的奖金到账，这就是对员工最直接最快速的肯定！直接激励员工提出更多的合理化建议！

最后一点，笔者建议这个合理化的项目要持续下去，员工不断地提出建议，公司不断地给予肯定和奖励，这也是老板在认可员工的个人价值所在。当员工个人价值被认可的时候，在精神上也是一种巨大的收益，并且能在一定程度上超越单纯工资的促进作用。

公司年终奖发放之前的平衡措施

一年忙到头，到年底员工自然期望公司发放年终奖。动作快一点的公司元旦之前发，慢一点的公司也是在春节前发放。是快是慢，是多是少，总归是要发的。

客观来说，发年终奖，既是肯定员工在当年的工作成绩，也是在一定程度上稳定员工，并促进员工对未来收入发展期许。当然，公司年终奖的总体预算是有限的，甚至有些公司早就确定下了金额。那么，在有限的年终奖额度的前提下，年终奖怎样发能发挥更好的效果？

这里，笔者建议可以考虑在发年终奖之前，导入一个平衡措施，进一步提升年终奖对员工的管理效果，相关介绍如下：

(1)有些员工在拿到年终奖后有可能直接离职，所以公司要提前把员工所掌握的一些资源提取出来，提前做好最坏的打算。

(2)员工对年终奖的期望值普遍偏高，需要提前降低这个期望值。

(3)要引导员工把年终奖收入的根源，归结在自己身上，而不是老板身上。

(4)在年终奖发放之前大概一个月到一个半月的时间，宣布一个工作项目。该工作项目的性质要具备一定的技术难度，并且对公司是有价值的。这种项目可能老板平时也要求过，但一直没做好或是坚持不下来，诸如：客户档案的建立，业务员手机号集中更换成公司统一配发的号码，客户历史遗留问题的清理等。老板应当主动说明，这些工作项目的执行质量与年终奖核算是存在关联性的。

利用即将发放年终奖的驱动力，提升员工在这方面工作的执行质量，同时也将员工所掌握的客户资源进行收集，并在一定程度上降低员工离职所带来的风险。

集中更换员工手机号或是收集客户历史遗留问题这样的事情，若在平时执行，很难一步到位，员工会抵触反对。只有在年终奖核算前的关键时期，员工怕影响年终奖，配合度会较高。公司可以利用这个机会，趁热打铁，完成此事。

若是员工完成质量不错，年终奖多给点也正常；若完成质量不高，员工自然也就降低对年终奖的期望值。

年终奖每年就发一次，一般是员工较为看重的。公司花了这么多钱，自然得要利用好。不能简单为了年终奖而发年终奖，作为老板要考虑清楚，在当前年终奖的物质奖励基础上，还能发挥出哪些更好的管理效果，解决平时不易解决的问题。

工资中不建议发的三种钱

在公司员工薪酬的设计中，会涉及各类发放名目，例如各种绩效考核、各种津贴、各种报销标准等。每多一个名目出来，公司就得多发一笔钱出来。这样做的本意也是将工资的形式进行多样化，但是在这其中有些名目是不建议设定的。虽然员工会增加收入，但会给公司惹一些不必要的麻烦。

1. 工龄工资

所谓工龄工资，就是基于员工的工作年限所设定的津贴，例如每多一年工龄，就多 50 块钱。

公司设定工龄工资，本意也许是为了肯定老员工的工作历史，同时也是鼓励员工尽量稳定在公司里。干的时间越长，拿到的工龄工资也就越多。其实，这是一种固化的管理思维，非常适合一辈子都稳定在一家单位的职工。但是在一些中小企业里很不现实。以前工作 10 年才算是老员工，现在能做 3 年就算是老员工了。这个工龄工资的额度，一般每年也就几十元到一百元，10 年以下的实际意义不大。试图通过这点钱来稳定员工几乎不可能。

再有，员工看到工龄工资又会想到自己在公司里的工作历史！有可能会激起员工的不甘。

当然，公司老板若是想肯定老员工的价值，不一定非要通过工龄工资的形式，而是可以考虑换种形式，例如上文所说的通过讲课费的形式发放。即安排老员工进行内部授课，内容长短并不重要，重要的是借此来让老员工将多年积累的工作经验，分享给其他同事。其他员工通过学习，提升自己的职业技术，老员工也能感受到自己有新的价值体现。

其实，钱还是那笔钱，用工龄工资的形式还是讲课费的形式发放出来，员工的感觉可完全是两回事。

2. 全勤奖

全勤奖指的是员工在本月不迟到不早退不请假的前提下，单独给予的一笔小额奖金，一般数量也不太大。公司的本意是引导员工尽量出全勤，并给予肯定。

不过，这样的奖金却有点缺乏人性化，毕竟，员工可能是为人父母或是为人子女，多少会有些家庭事务，尤其是突发性家庭事务，例如孩子生病、老人摔倒之类。突发家庭事务需要紧急处理时，往往与公司的全勤奖产生冲突。这个时候，员工可能会感觉到前期的正点考勤都白费了，甚至会抱怨全勤奖制度的不人性化。

所以,公司要充分考虑员工自身的个人事务和家庭事务,尤其是随时可能出现的突发情况。出于人性化的角度考虑,建议撤销全勤奖,并且考虑主动给员工一年几次迟到和早退的机会,说明这是给员工用于处理个人的突发性紧急事务用的。当然,若是员工全年都没有使用这些缺勤机会,年底可额外再单独给笔小奖金,以作鼓励。

3. 应收账款奖

公司在外面的应收账款太多,公司会吃不消。为了鼓励员工加快对应收账款的回收力度,有些老板会出台一个临时性的应收账款奖金。即是按照一定的比例,对一定时期内收回的应收账款,给予相关员工一定的奖金。

当然,第一次这样的奖金措施,效果是不错的。对于业务人员来说,等于在常规奖金的基础上又多了一笔奖金出来,销售有奖金,回款还有奖金,这样当然好。不过,有些员工一旦尝到这个甜头,可能对以后的常规收款工作就不积极了,并且还会把应收账款积累得大一点,等待公司吃不消时出台应收账款奖金。关于公司应收账款的回收促进,笔者建议公司可以考虑换个形式,设定收款技术分享奖金,即员工给大家分享有效的回款办法,公司给予一定的奖金。这样的方式,公司只是花些小钱,却能提高所有员工的回款能力。随着大家想出来的办法越来越多,对公司整体的应收账款回收工作,也将起到一定的推动作用。

考勤扣罚制度的优化调整

员工与公司约定工作时间并写入合同后，员工应遵守规定的考勤时间，若出现迟到早退或是请假，需要对应扣罚工资。公司即要维持劳动纪律的严肃性，同时也要考虑被扣罚员工的个人感受。所以，在具体的扣罚措施上，公司可进行一些优化调整，减少员工的不满情绪。

公司考勤扣罚设置的出发点，是出于这几点考虑：

(1)员工应该按时上下班。

(2)确保公司运行中的满岗齐编，不耽误工作。

(3)最好不请假、不迟到、不早退。

(4)若能保持全勤，可给予全勤奖。

(5)若有缺勤，为严肃纪律，增加对应压力，并平衡其他正常考勤员工的感觉，应予扣罚。

在具体的扣罚形式上，很多公司以经济处罚为主，而写检讨、上告示板等形式已极少。同时，量化各类处罚类别与档次，各类请假的扣罚标准不一。一旦有迟到早退或缺勤，首先取消当月全勤奖，再扣罚工资，相当于员工会有双重损失。

不过，站在客观角度来看，员工不是机器人，一年到头有几次生病也正常，再者，每个人都有家庭，出点急事要马上处理也是必需的；并且，上班路上的堵车、意外事件、天气恶劣、自然灾害等外部客观原因也会导致员工迟到。有些员工已经坚持了29天的满勤，最后一天因为家人的突发情况，出现迟到，导致整月全勤全部报废，这怨气可想而知。

考勤扣罚是高度量化的，基于打卡时间和请假时长，对照标准直接扣罚，貌似也没错。并且，员工为了避免被扣钱，争分夺秒地赶来上班，看起来这种机制还挺有效。至于员工自己的感受，以及接下来的行为，老板一般不会想太多。而员工在被扣罚之后，可不是甘愿受罚这么简单。

(1)他们会觉得公司不顾实际情况，太冷漠无情。

(2)员工觉得我只是迟到几分钟而已，也没有耽误工作，为什么要扣钱。

(3)扣我的钱，那我就少干点活。

……

在量化扣罚标准的基础上，容易让员工形成犯错成本的概念，即迟到一次扣多少钱，早退一次扣多少钱，建立了量化的犯错成本。

所以，公司针对考勤的扣罚，还是要结合员工的感受，进行一些优化调整。首先，我们来明确相关的基本原则。

(1)大公司人多，管理上只能是一刀切。但是，在小型公司，老板有精力来关注每一个员工，可适当增加一些人性化措施。

(2)体现出公司对员工的信任在先。

(3)先与员工在事前把道理讲清楚是因为什么扣钱，不能简单地强调“公司规定”。

(4)要充分考虑员工对扣罚的抵触心理。

(5)发挥小型公司在管理机制方面的灵活优势，一方面放松考勤的严谨性，另一方面释放善意，建立员工对公司的缺勤补偿机制。

(6)虽说公司不想占员工便宜，但员工自己也得有对应的压力。

(7)同时要在一定程度上利用宽松化的考勤机制，作为稳定员工或是吸引新员工的创新举措。

公司在员工面试和入职阶段，就给员工把道理讲清楚：

(1)公司的运营是多个岗位的共同协作。

(2)每个岗位都是公司运转不可缺的环节。

(3)每个岗位都在同时连接其他岗位，还会对接外部机构，一旦缺岗，公司的内外部运行都会受到影响，甚至会停摆。

(4)公司之所以设置这些岗位和工作时间，就是基于公司的整体运营。

公司要在面试阶段，就要明确员工能否胜任，能否确保工作时间，并写入合同里。合同与岗位说明书，就代表了员工对公司的承诺。员工不能及时到岗，公司必然要重新调整人手乃至工作流程，会增加公司成本，甚至还会带来损失和风险。

在进行考勤扣罚前，先要把扣罚的标尺计算清楚，并量化公布：

(1)员工的月度平均收入除以正常月度工作时长，得出每小时的正常薪金额。

(2)在扣罚时，需要乘以一定的系数加倍扣罚，例如员工正常时薪是 50 元，请假 2 个小时，不是 100 元，而应该是 200 元。

(3)迟到和早退，可按照时长分段设置扣除的金额，例如迟到 10 分钟以内扣 10 元，超过 10 分钟未满 30 分钟就是 30 元，超过 30 分钟，则按照请假扣除时薪。

这样的设置，也是催促要迟到的员工，尽快抓紧时间赶到公司，减少扣罚损失。

出于管理的人性化，公司允许员工每年可以有几次迟到的机会，用于个人紧急事务的处理，超出部分公司再来扣罚。

若员工较为自觉，一直保持全勤，公司可以以半年为单位加发一次奖励金。从员工个人角度而言，公司主动给予的迟到机会，是公司的善意表达，自然要攒着，能不用就不用，以备今后应急。

外部客观因素导致的迟到，例如突发恶劣天气，影响到多位员工，甚至是全部员工的上班。这时，公司再扣罚就不合理了。可由老板或行政经理进行判断，进行全体免责，并不占用员工的年度允许迟到次数。

虽然公司有量化的明确扣罚标准，但是扣钱这种事情，还是会引起员工的抵触。如果不处理也是不行的，不然公司的规章制度也形同虚设，其他全勤员工也不好平衡。

公司可以考虑员工用加班的方式来抵消员工的请假。如员工请假两小时，用加班两小时来抵消。若是节假日加班，还可以加倍抵消。每半年清算一次。若是在半年内，加班冲抵的时间有限，再将员工剩下的请假时间进行扣罚。这样做，虽然员工也有点压力，但不至于产生不满情绪。

另外就是员工请假公司岗位的替班问题。员工要想请假，需要提前告知公司，并指定替班人。这样做的考虑有：

(1)提前安排好替班人，把缺勤对公司造成的影响进一步降低。

(2)能接替工作的员工，前期也得要掌握对应的职业技术，这样才能上岗替代。这就形成了事实上的 AB 岗，促进一人多能，一人多岗。

(3)替班的员工除了需要具备相关职业技术，还得要了解相关工作的整体规划、进度情况、对接事务、相关资料等，这就推进了员工工作的透明化。

(4)替班这件事需要员工之间自行协商好，这也是引导员工之间建立好关系。

对于现在的年轻员工来说，若是能随时请假(需要提前申请和有替班人)，且能通过后期加班来补偿(不扣钱)，这将能有效地解决员工私人时间安排和工作时间之间的冲突，使得员工自由衔接各类假期成为可能。员工在规划到位的情况下，基本上能实现自由请假。这也可以作为公司新的福利形式，稳定当前员工，并作为招聘新员工的亮点。

罚钱的学问

公司规模发展起来后，员工数量也会相应增加。为了更好地管理员工，规范企业的内部制度，公司各类规章制度也多了起来。对于违反公司制度的员工，公司得要采取一定的约束性和惩罚性措施，例如违规罚款。可是，在实际的执行过程中，对员工实施罚款后，却起不到教育和促进的效果。员工反而更加抵触公司的规章制度，这也在一定程度上伤害了员工对公司的感情。

公司在员工管理上，为了尽可能地消除惰性对员工的负面影响，从正面的角度来激励员工，在针对员工的薪酬体系中，就得设置相关的奖罚措施，作为公司老板，不但要会给员工发钱，还得要会罚钱。不会发钱，发下去的工资就起不到激励员工的效果；而不会罚钱，就可能会得罪员工。

从公司的角度来说，之所以要罚员工的钱，是为了严肃纪律。教育员工是主要的，提醒员工以后不要再犯类似的错误，几乎没几个公司是想通过罚钱来降低员工的人事成本。但是，员工在这个问题上的看法却与公司存在很大的区别，当然，老板是老板，员工是员工，这两者之间的区别还是很大的。

那么，我们具体来分析，员工在遭遇罚款之后会产生哪些想法和行动呢。

(1)员工自己的个人利益受损，会直接对老板产生抵触情绪，有些员工会认为这是老板对自己的一种报复行为，或是老板节约人事成本的一种手段。

(2)有些员工会认为这不公平。罚款的标准在老板手里，标准是老板定的，员工只能被动接受。

(3)导致员工出现工作失误的原因，往往也不单是这一个员工问题，其他人员也可能存在一定的责任。如果只罚他一个人，员工心里自然不服。

(4)原本能到手的收入被老板扣去了一些，有些员工则会想办法把损失“夺”回来，当然，这个“补救”往往不是通过正面的努力工作，而可能是违纪行为。员工虽然只是“捞了”几百块，但对公司、对老板来说，这损失可就是数倍或是数十倍的了。

(5)员工对今后公司的奖励制度可能会产生怀疑。虽然老板会提出很多高额度的奖励标准，但前面有奖励，后面却有罚钱，员工难免会产生怀疑。

总之，公司罚钱制度操作不好，会给公司带来的危害也不小。并且这类事情一旦发生，后面再从补救的角度来解决，恐怕也是很难。但公司完全可以从预防的角度来解决。这里，笔者列举出一些较为适合中小型公司的罚款措施，以供参考之用。

1. 明码标价

在公司内部公开张贴的相关规章制度上，只规定相关的罚款项目，具体的罚款额度标注在给员工个人的工作手册中，明码标价。

2. 和员工共同协商相关的罚款额度

关于罚款的额度，建议老板不要自己说了算，而是要适当地征求大家的意见，以避免员工认为是老板自己掌握罚款的标准，认为不公平。

3. 奖金与罚款不能合并使用

公司不能用员工罚下来的钱，去奖励另外一位员工，这样会导致大家都不舒服。奖罚涉及款项要明确分开。

4. 要有工资扣罚说明单

公司究竟为什么扣罚员工的钱，依据是什么，扣罚多少，得要详细同员工说清楚。可以在发工资时，公司专门给员工一张扣罚说明单，详详细细地说清楚。

5. 给员工申辩的机会

老板也不都是一贯正确的，也会出现冤枉员工的情况，扣错了钱。这里，公司需要给员工进行申辩的机会，允许员工就罚款说明单中相关问题，提出申请重新审议。若员工拿出证明材料把问题说清楚，公司就得把钱给员工退回去，必要的时候还得道歉。

6. 罚下来的钱放在哪里

对员工罚下来的钱，老板一定不能装在自己的口袋里（也就是放置在公司的财务账上），这一点非常重要。这会让员工认为老板把自己的钱装起来了。罚下来的钱，要集中放置起来，可在公司内部开个专用账户用作支出，相关进出账务要公开。

7. 罚款的使用

罚款账户里的钱，切不可作为员工的活动费用，例如请大家吃饭等，这样会让那些遭遇罚款的员工心里极其不舒服，认为这是老板拿自己的钱来请大家吃饭。罚下来的钱原则上还是要花在那些被罚的员工身上，当然不能直接发给相关被罚员工，而是要在罚款过后的下个月，若该员工有改正和进步行为，用罚款买件东西送给员工或是送给员工的父母，让员工心生愧意，从而认真地反省自己在工作中的失误，这才能起到真正的目的与效果。这里需要强调的是，罚款返回员工一定要通过买东西的形式，切不可直接把钱发还给员工，不然就体现不出罚款的严肃性。

8. 定期回顾与总结

为了进一步强调公司纪律的严肃性，在年底总结时，公司要公布各员工当年度的罚款状况，以进行鞭策。

总而言之，钱是要罚的，但老板想要的绝不是那点被罚下来的钱，主要还是想对员工起到警示作用，促进员工的改正错误与自我提升。而要达到这个效果，公司在进行罚款制度的设计时，就得充分考虑员工的实际感受，要让员工认为前期罚出去的钱，后期能通过自身的一些努力拿回来，从而消除员工对公司的抵触情绪。

第五章

员工薪酬设置中的问题及应对方法

工资行情因素

工资是员工上班的基本目标和动力之一，员工对工资不满意，就会有抱怨，自然会影响到工作，最终影响公司的收益。

员工的不满意基本上可以分为两类，一是工资本身的数额问题，即多与少的问题；二是工资考核机制的问题，即核算方法与发放的问题，这个要复杂一些。

员工对工资最直接的抱怨就是一个字“少”。

员工觉得少可能是相对某个特定的因素来进行对比，也许实得工资不少，但相对来看就显得少了。一般来说，员工经常说的“少”主要来自以下几个对比指标：

(1)身边同事的收入。

(2)其他相关公司的同类岗位收入。

(3)身边亲朋好友的收入。

(4)相比自己的付出和所产生的价值。

(5)相比老板的收入。

……

其中,以"其他相关公司的同类岗位收入"进行对比的情况最为常见,这也就是所说的行情。一般来说,某类岗位在某个区域,往往有一个工资指导水平,这个水平也不是一个稳定的数值,更多的是一个区间值,有高有低。只不过,公司喜欢提取较低的值,而员工喜欢就高不就低,这就导致双方对行情认定标准不一。并且,这个工资行情问题在员工应聘阶段就开始发挥作用。有些前来应聘的员工,往往因为自己所了解的行情与公司的工资标准存在较大差距,从而直接放弃入职。

在这个问题上,笔者建议老板可以考虑以下这几个问题:

(1)无论老板是否会去打听当地的工资行情,员工们大多数是要打听的。

(2)老板所了解到的工资行情,与员工所了解的工资行情往往是不一致的,互相之间都没有什么说服力。

(3)老板与其被动等待员工收集工资行情,不如主动进行收集。

(4)与其回避其他类似公司的较高收入,不如主动拆解说明,让员工看到高工资背后的付出。

(5)与其对员工说"以后干得好,会给大家加工资",不如主动说明岗位、价值、薪酬之间的对应关系。

具体做法如下:

(1)公司主动进行工资行情的收集整理工作,主要针对类似的公司,包括各岗位的工资情况,底薪、津贴、考核方式、奖金、核算方式、兑现方式,并标明高低区间。要形成一份完整且客观的当地薪酬行情表,务必做到比员工自己所收集的更为全面。

(2)更为重要的是要了解与工资对应的东西，例如任职技术能力要求，所在岗位需要承担的业绩和压力、要创造的价值、所消耗的成本、实际的工作效率、任职年限等。这样做主要是为了说明即便其他公司的工资高，也不可能是简单得来的，必然有对应的岗位要求和价值贡献作为支撑。

(3)有外部的工资行情表，更要有本公司内部的工资结构表。公司可参照自己公司发展的情况和工资预算，制定本公司各岗位的工资结构表，进一步说明本公司各岗位在不同阶段下的基本收入情况。

(4)外部的工资行情表和内部的工资结构表，也不能是固定的，每年要进行一次更新。

(5)在员工应聘入职阶段，公司要主动把外部薪酬行情表和公司内部工资结构表拿出来，客观而全面地说明当地的工资行情，并主动指明当前招聘岗位所开具的薪酬条件，从行情角度来看处于什么样的水平地位。再让员工充分了解内部工资结构表，让员工了解今后的工资调整情况。

(6)若员工在入职阶段无法接受公司所给的薪酬，坚持自己所了解的工资行情，也不肯承认其他公司高工资背后的支撑因素，那么公司也没有必要让此类员工进入公司。

(7)在员工正式入职后，向公司提出工资调整申请时，双方可以基于外部的薪酬行情表和内部工资结构表，沟通相关的工资调整问题。

员工的全程职业技术评估

员工是否掌握对应的职业技术，是正常开展工作的基本前提条件之一，也是公司核算员工工资的前提标尺之一。同时，市场环境在变化，公司在发展，对员工的要求也在持续提升。所以，员工也需要保持学习，保持进步。对于员工当前实际所掌握的职业技术情况，公司得要建立一个评估机制，并且是常态化地进行，作为人事管理体系的一部分。

一般来说，公司对员工职业技术评估的要求通常都较为模糊，或者是把要求定得很高；或者公司只在员工入职或是晋升前进行一个评估，后期就不管了。并且是来自老板的评估，要超越人事部的专业测评，且评估方式较为感性，评估指标也比较单一。

作为员工，很多人主观上会认为自己是合格的，能力是足够的，甚至是过高评估自己。自己工作做不好，可能是外部客观因素导致的，是公司限制了自己的发挥。

所以不管从公司发展角度还是平衡员工的角度，职业技术评估都是有必要的。基于公司的发展，重新设定各岗位的职业技术能力标准，将每个员工当前的职业技术能力进行透明化，量化出每个员工当前职业技术能力与岗位标准之间的差距，为培训学习工作的规划，做精准的指向，将长期停滞不前的员工也识别出来。基于不断的标准更新和评估，平衡员工的自我感受，避免过于膨胀。

职业技术评估需要有一个明确清晰的且双方认可的标准，否则，容易互相指责。公司对各岗位的职业技术标准也要在前期说明。

这是因为市场环境的变化，科学技术的发展，大家所掌握的职业技术要进行升级，所以员工需要保持学习。

部门或正式教育机构颁发的证书、社会培训机构颁发的证书、某项工作的实际操作演示、某项工作的结果呈现、对某类工作的实际从业经历，这些都可以作为职业技术的体现形式。

每个岗位的职业技术标准不是一成不变的，所以对应的职业技术评估标准也要不断更新。通常会受到以下三个方面因素的影响：

(1)外部的市场环境变化。

这个不是企业所控的，诸如政府政策、行业变化、新技术出现等，公司只能与时俱进。

(2)公司自身的发展规划。

公司在市场定位、规模、发展速度等方面的具体指标，对相关岗位的要求有了新的提升。

(3)与员工待遇同步提升的效能提升。

员工的工资年年要涨，但对应的工作效能也要进行提升。

综上，员工职业技术评估到底怎么做，有哪些要注意的，以下进行详细说明。

1.评估的基准

此项包括的内容有：

(1)遵循行业普遍通行标尺。

(2)基于公司的发展目标。

(3)公司某个员工的重点培养计划。

以上述三个基准点来设计公司每个岗位的职业技术结构,量化本岗位所包括的各类职业技术的等级标准。这也是将来对员工进行职业技术评估的基准。这些内容应归属于各岗位的岗位说明书中。

2. 评估的手段

对员工职业技术评估的手段包括:

(1)证书类的评估。可直接查阅员工所提交的学历证书。

(2)理论知识类的评估。公司可以以书面考试的形式进行评估。

(3)实操能力技术的评估。公司可以以现场演练,或是跟随工作的形式进行评估。

(4)规划及设计能力类的评估。以市场调研、问题分析、解决方案设计、方案讲述等形式进行评估。

3. 谁来评估

评估的主体可以分为公司内部和公司外部两种情况。

(1)公司内部的评估。

公司内部评估包括员工自评,同事之间的互评,上级主管、人事部门、管理层或老板亲自评估等。

(2)公司外部的评估。

让了解公司人员的客户进行评估,或者通过外部专业机构来进行这项评估工作。

4. 评估的频率和时间点

理论上来说，评估的频率越高越好，但考虑到实际的管理精力和评估成本，建议公司保持每半年一次对员工的评估。对于流动性较高的岗位或是重点培养的人员，评估频率可以提升到每季度一次。评估的时间点，原则上在业务淡季或是临近半年度和全年度收尾的节点。

5. 各阶段评做标准

员工从新手进入公司，是一个逐渐学习和成长的过程，从理论角度而言，评估结果应该是这样的：

(1)刚入职阶段，许多员工存在一些差距和空缺点。

(2)转正后(一般为入职后三个月)，对各项职业技术能基本掌握。

(3)转正一年后，能符合公司既定标准。

(4)本岗位工作 2～3 年后，职业技术运用娴熟，错误率低。

(5)晋升前或作为内训师，职业技术娴熟，且有超越和创新。

6. 评估结果的类别

对于各类职业技术的评估结果，公司可以划分基本的评测类别：超出、娴熟、合格、基本合格、不合格等。

7. 不合格

在对员工的评估结果中，不合格又细分为如下类别：

(1)职业技术生疏。

(2)存在某个环节点的缺漏。

(3)知识点记错。

(4)知识结构老化，过时。

(5)存在明显的偏差。

(6)直接的错误。

……

8. 表单汇总呈现

公司对员工每次的职业技术评估情况，应该汇总在一个表单上，直观地呈现出来。

表单内容主要分为以下这几块：

(1)各类职业技术的具体类别名称。

(2)各类职业技术在本岗位应该达到的等级水平。

(3)本次评估中，新增的职业技术名称及对应等级。

(4)各类职业技术的历史评估情况。

公司可以基于历史评估情况，看出该员工在某类职业技术水平方面是维持不变、上升，还是下降。

员工职业技术评估表

岗位名称： 入职时间：					
技术类别	职业技术名称	等级及资历标准	本次评测情况	较之前期评测结果	备注
基础技术					
行业知识					

续上表

岗位名称： 入职时间：					
技术类别	职业技术名称	等级及资历标准	本次评测情况	较之前期评测结果	备注
应用技术					
					新增标准
企业知识					

9. 评估结果的公开

相关的评估结果，可以在公司内部公开。

(1)做到公开透明，不藏着不掖着。

(2)打消某些员工冒充老资格的想法。

(3)对落后员工施加一定的压力。

(4)让全体员工有一定的紧张感，在学习进取方面不能松懈。

(5)也让所有员工看到公司的公正，是基于清晰的量化标准来衡量每个员工，而不是某个领导的个人喜好。

10. 原因总结

若是评估结果与岗位要求之间存在差距，公司要了解这个差距，是自评出来的，还是外部评测出来的以及差距背后的原因是什么。诸如：

(1)员工入职时所宣称的技术能力和资历可能不真实；

(2)员工刚入职，还没有来得及掌握相关职业技术；

(3)员工因临时外调，负责其他工作，一直未回到本岗位；

(4)因为基础职业技术较为薄弱,导致应用技术难以叠加使用;

(5)转正以后,就没有保持再学习;

(6)对于新增的职业技术,一直没有进行学习掌握。

……

公司可以针对原因进一步进行解决提升。

11. 差距较大的员工

公司针对差距较大的员工要区别对待。如对主动承认差距所在的员工,要引导员工制订再学习计划。以及平衡落后员工所认为的待遇低,发展空间小等抱怨。对拒不承认自己有差距的员工要不调薪酬甚至解聘。

12. 能力优异的员工

评估出能力优秀的员工,公司可以进行如下操作。

(1)作为合同续签的基本前提。

(2)兼任内训师,向大家分享经验。

(3)作为晋升的前提因素之一。

13. 后续工作

评估后的后续工作包括:

(1)在对公司既定规章制度的了解方面,需要员工签字确认,作为进行劳动仲裁时的证据之一。

(2)各岗位的职业技术标准,至少每年要整体更新一次,然后基于新标准进行评测。

(3)每次的评估报告,都纳入员工的个人档案中保管。

对员工薪酬意见的调研

工资问题一直以来是困扰很多公司的问题。解决这个问题，公司可通过对员工进行薪酬方面的专项调研，来了解员工的想法，为公司后期的薪酬结构优化做铺垫。

在工资的这个问题上，老板的看法是：

(1)员工上班就是为了钱。

(2)可以通过加钱来激励员工，扣钱来对员工施加压力。

(3)每个员工的工作值多少钱，由老板来评判。

(4)考核一定要站在对公司有利的基础上。

(5)薪酬结构怎么改，必须要老板来定，员工只能被动接受，不能讨价还价。

(6)认为员工是信任公司、信任老板的。

而员工的看法是：

(1)员工会进行各种对比，对比本公司其他岗位的收入，对比其他公司同类岗位的收入，对比老板的收入，对比身边熟人的收入等。

(2)过高看待自己的付出价值,认为与实际收入不对称。

(3)员工认为公司应该先改善薪酬待遇,自己才能调整工作状态和执行力。

(4)收入少,一些员工不会检讨自己存在的问题,也不会设法积极进步,而是会强调客观原因,为自己开脱。

站在客观的立场上,可以融合一下老板和员工双方的看法,建立一些双方都能接受的标尺出来,诸如:

(1)双方关系不是绝对服从的关系,而是一种平等的合作关系。

(2)双方可以坦诚地提出各自的顾虑和担心,避免各自的主观想法,以及延伸出来的过度猜想。

(3)建立一个透明的、量化的、可协商的,双方都基本能认可的合作机制。

(4)也许老板无法做到完全客观,但至少要释放出一些正面的信号出来,让员工看到老板的客观以及对员工的尊重。

公司在薪酬设计的问题上,可通过专项调研的形式,先了解员工的一些看法,同时引导员工对某些自身问题的梳理和反思。这样也是对员工释放出一些正面信号:

(1)公司要做薪酬方面的优化调整。

(2)老板开始听取员工的意见。

薪酬调研的实施过程,也是一个争取时间的缓冲期,避免矛盾的尖锐化。

1. 基本执行流程

(1)设计相关问题。

(2)做成问卷,以选择题为主。

(3)纸面问卷或是 PDF 电子版问卷。

(4)发送给所有员工。

(5)各自答题，不建议互相查看。

(6)5～10 分钟可以答题完毕。

(7)回收。

(8)集中分析。

2. 说明调研的目的

(1)了解大家对当前薪酬结构的意见。

(2)收集大家对薪酬结构改善的更好建议。

(3)为后期的薪酬结构优化做准备。

(4)避免公司单方面主观设计而导致的问题。

3. 问题列表

针对员工对薪酬意见的调研，常见的有十几个问题，以下一一列举，老板可根据本公司的情况来进行选择组合。

(1)工作取向。

询问员工来公司上班，目的是什么？(选择题)

①经济收入；

②学习，个人能力的提升；

③聚集相关资源；

④稳定；

⑤能照顾家庭；

⑥作为过渡，未来能跳到更大的企业；

⑦发挥自己的专长，作为个人事业的起步阶段；

⑧作为个人创业前的学习和实操。

目的：了解员工来公司上班的基本取向。

(2)对当前收入的满意度。(选择题)

①基本满意；

②相对少了，付出与回报不成正比；

③相对少了，相对其他公司的同类岗位；

④相对少了，相对本公司的其他岗位；

⑤绝对少了，自己开支都不够。

目的：了解员工对当前薪酬结构的基本态度。

(3)外部的薪酬行情。(选择题)

①是否了解本行业(在本地)的薪酬行情。

②是否对比过，自己与同类公司的同等岗位薪酬差异。

③通过对比，认为自己当前的收入在行业属于：

A. 较低水平　　B. 中间水平　　C. 较高水平

④外部的薪酬行情是自己打听的，还是别人告诉自己的。

⑤其他公司员工收入背后的支撑因素，诸如技术能力、工作压力、工作量、考核指标等方面的情况，是否也全部了解。

目的：了解员工对薪酬行情的掌握情况。

(4)能力匹配(问答题)。

基于岗位职业技术结构,自己的工作能力是否能匹配。

①在职业技术层面,是否能做到称职。

②在职业技术层面,自己还缺乏哪些。

③打算怎么弥补职业技术不足的问题。

目的:引导员工反思自己的实际工作能力,客观看待自己的实际工作能力。

(5)基本遵守(选择题)。

对公司当前的要求,了解多少,遵守了多少。

①对公司当前的规章制度和作业标准流程,知晓程度是什么水平。

A. 全部知晓　　B. 基本知晓　　C. 部分知晓。

②对公司当前的规章制度和作业标准流程遵守情况。

A. 完全遵守　　B. 基本遵守　　C. 部分遵守。

目的:引导员工反思自己对当前管理体系的了解和遵守情况。

(6)学习进步(问答题)。

除了公司安排的学习项目外,自己有哪些学习进步的行为?

①自己安排的学习项目有哪些?

②学习内容,有哪些被运用在实际工作上?产生了什么样的效果?

目的:引导员工反思,这些年自己有没有在学习进步。

(7)创新。(问答题)

进入公司多年,在工作中是否有创新。

①自己在哪些领域有所创新。

诸如流程优化、风险、成本控制、技术方法创新等。

②创新是提出设想,还是有实际验证?

目的:引导员工反思自己参加工作多年,除了工龄有积累,自己是否还有创新。

(8)员工薪酬提升的渠道。(选择题)

关于个人待遇的提升,员工有什么想法。

①等公司主动来提升薪酬待遇,还是自己主动来争取待遇提升。

②在公司内部,一人兼多职,提出合理化建议,提升自身职业技术,提升工作效率和业绩,这几个方面,自己更倾向哪一个。

目的:了解员工是在被动等公司做调整,还是愿意自己主动做出改变。

(9)薪酬的结构。(选择题)

薪酬中的固定部分(基础工资和津贴等)与浮动部分(奖金)之间的比例怎样设定比较合适。

①固定部分和浮动部分均等;

②高固定,低浮动;

③低固定,高浮动。

目的:了解员工是求稳还是有挑战自己的心态。

(10)考核。(选择题)

考核是侧重过程，还是侧重结果。

①侧重过程；

②侧重结果；

③过程、结果各一半。

目的：了解员工对过程与结果之间的逻辑关系的看法。

(11)奖金的兑现。(选择题)

奖金的兑现速度。

①对当前奖金兑现的速度是否满意。

②奖金兑现的频率，哪种你认为比较合适：月度兑现、季度兑现、半年兑现、一年兑现；

③奖金每日核算，每日叠加，随时可提走，这种方式能接受吗。

目的：了解员工对奖金兑现速度的看法以及对公司的信任程度。

(12)津贴。(选择题+问答题)当前的各类津贴核算与发放。

①科目设置是否合理。

②还需要增加哪些科目。

③各科目的费用额度是否合理。

④哪些科目的费用额度需要调整。

⑤津贴是合成在一起按照岗位级别发放，还是拆开每项独立列出，员工凭对应票据报销。

目的：了解员工对津贴设置的意见。

(13)扣罚部分。(选择题)

怎么看待扣罚问题。

①标定业绩没有完成时，是直接在当月浮动奖金中扣罚，还是公司暂不做扣罚，待当月任务在后期完成后再发放。

②各类罚款的交纳，是员工当场交，在月度工资扣，在年底结算时汇总扣，还是先保留后期以突出贡献来冲减。

目的：了解员工对扣罚措施的意见。

(14)合理化建议。(选择题+问答题)

合理化建议的奖励设置。

①单次合理化建议的奖励额度定在多少合适。

②合理化奖金的兑现频率。

当天兑现，月度兑现，季度兑现，还是年度汇总兑现。

③兑现方式是公开，还是不公开。

目的：了解员工对要求员工提出合理化建议是否有兴趣，以及兑现方式的建议。

(15)其他建议项。

在调研问卷的末端，给员工留出一块自由发言的空间。不设主题，可由员工自由发挥。

4. 汇总分析

公司在收集员工提交上来的调研问卷后，进行汇总分析。

(1)是否存在互相抄袭(内容雷同)的情况；

(2)集中反馈的焦点问题有哪些；

(3)有价值的建议有哪些；

(4)针对部分表述不清或是价值较高的内容则需要安排和员工面谈；

(5)对比一下，有哪些情况与老板的主观预想之间存在较大的差距，甚至是完全相反。

对员工自身而言，这次调研，也是对自己的相关行为，做了一次梳理和反思。

员工成本消耗的核算

员工在公司上班，在给公司创造效益的同时，也在消耗公司的各类资产和成本，这里且不说员工每月所领取的工资奖金，单说员工在工作中消耗的各类办公费用、通信费用、车辆费用、报销的各类因公费用等就会很多。有时员工不但消耗公司资产，甚至还会带来不少浪费，例如一个糟糕的促销活动，若干笔一直没收回来的应收账款，销量没完成而导致的库存积压，业务能力低下而丢失的若干重要客户等。

严格来说，员工在上班的时候，每天都在消耗公司的资产，老板们心里都大概有算，但大多是模糊计算，没有详细的量化指标，更没有算给员工看。至于员工，就更不会算这个账了。

员工所消耗的公司资产，基本上可以分为两个范畴，一是在员工正常工作状态下，所必须消耗的公司资产，这也是公司为了正常运营所必要的基本投入；另一种则是因为员工自身的工作态度或是职业技术能力的欠缺，而导致的公司资源的浪费或是损失。另外，还有老板的错误决策导致的浪费或是损失，则不属于这个范畴。这两个范畴的账，公司都需算出来并向员工公布。具体的财务核算指标有以下几个方面的内容。

正常工作所消耗的成本：

(1)均摊到员工个人的办公室基本费用(办公用品、房租、水电、电话费、宽带费等)；

(2)在公司标定和允许范围内，个人所报销的各类因公费用(手机费、差旅费、招待费等)；

(3)均摊到个人固定设备的折旧费用；

(4)因为工作需要所调用的车辆费用；

(5)个人申请并负责的各类活动费用；

(6)个人申请并折让出去的利润部分(特价活动等)；

(7)正常备货而带来的资金占用的利息成本；

(8)正常客户投诉的处理成本。

……

因员工自身原因而给公司带来的额外成本：

(1)没有及时收回的应收账款，拖延部分的利息成本；

(2)销售任务没有完成，导致货物过量积压而带来的利息成本；

(3)没有及时处理客诉，而导致客诉处理成本增加的部分；

(4)因为管理不善，导致客户丢失或是业务量下降，从而损失的利润部分；

……

这些资产消耗或浪费，都是真实存在的。从提升管理效果的角度来说，是非常有必要算清楚的，并且集中张贴出来，做成这样一张表格，见下表。

安徽××商贸有限公司　财务公示文件

业务部门员工资产消耗表　　2019 年 5 月　单位:元

项目/姓名	陈立强	方勇	王国强	孙绍群	赵悦	汪卫革	孙兵	赵东	杨文
均摊的办公室水电费	65	65	65	65	65	65	65	65	65
个人专用的办公用品费用	170	80	56	221	130	35	89	190	176
个人报销的手机费	245	420	266	120	240	190	322	232	178
均摊固定电话和传真费用	80	80	80	80	80	80	80	80	80
单独车辆使用费用	350	550	340	630	290	350	180	420	80
运输车辆使用费用	2 300	1 200	670	1 730	2 200	1 320	970	970	2 590

续上表

项目/姓名	陈立强	方勇	王国强	孙绍群	赵悦	汪卫革	孙兵	赵东	杨文
个人报销的客情费用	650	420	680	50	730	1 120	1 300	480	520
应收款不到位带来的利息	580	920	430	720	560	370	670	590	1 100
特价折让出去的利润部分	5 600	7 300	11 800	4 700	2 500	5 400	4 700	8 700	5 600
个人出差发生的差旅费用	830	570	160	980	0	378	385	597	450
个人负责的促销活动费用	3 700	5 700	4 900	860	1 400	0	2 600	5 700	1 700
销量未完成的货物积压利息	680	343	370	0	440	350	890	1 100	0
其他费用	—	客户索赔 2 000	—	—	退换货 780	卖场纠纷 1 500	—	—	—
合计费用	15 250	19 648	19 817	10 156	9 415	11 158	12 251	19 124	12 539

公司将这个账目核算出来，不是要向员工收钱，而是明确告知员工，不能只看自己的业绩和工资收入，也要想想所消耗的成本，尤其是因为自己的能力和工作态度问题而带来的额外成本与浪费，以促使员工更好地节约成本，提升工作效率。

员工嫌工资少时公司的应对措施

公司经常会遇见员工报怨工资少的情况。老板要首先明确，这是正常现象。无论员工工资额度如何，一些员工都会说工资少。

如前文所述，工资少有两种少法：一种是绝对少，一种是相对少。当然大多数情况都是相对少。

(1)相对其他员工。

(2)相对其他公司的同岗位职员。

(3)相对自己的付出和工作量。

(4)相对自己给公司创造的贡献。

(5)相对老板的收入。

(6)相对自己亲朋好友的收入。

……

这些相对因素汇总在一起，就会认为工资少了。在这个问题上，员工有抱怨，老板也不能回避，要有正面应对措施，尽量把事情摊到桌面上来谈。

1. 公开当地的薪酬行情

工资的多少，要基于当地的行情来定，可以引入一个第三方的客观行情，再做工资额度设定。

第三方的薪酬行情有两个来源：一是大型招聘网站上，会有定期发布的薪酬行情报告（分行业、分地区、分职位）；一个是当地的人力资源与社会保障局官网。公司基于这个第三方的客观薪酬行情进行对比，来设定自己公司的薪酬标准。

2. 健全岗位说明书

公司岗位说明书的主要功能，就是全面说明员工工作范畴与工作量。岗位说明书中的工作范畴与具体内容必须全部量化，并且是一次性说清楚。

3. 健全每个岗位对应的职业技术标准

员工执行相关的工作，是需要对应的职业技术的。有的员工有些时候执行力低，效能差，更多的是职业技术不到位。公司得要把每个岗位的职业技术标准明确出来，具体需要具备哪些职业技术，分别要达到什么等级等，并以此作为量化标准，来评估每个岗位上的员工是否达标，即是否称职。

4. 健全工作执行说明书

每样工作具体应该怎么做？对应的标准和流程是什么？什么才是有质量地完成工作？公司应基于实际工作，编撰分主题的工作执行说明书。并以此来对照员工是否有质量地在执行工作，或是有质量地完成工作。

5. 单人成本核算

员工在公司上班期间，既是在为公司创造业绩，也是在消耗公司的成本。这些成本包括各项办公费用，调用公司的资源，报销的各类出差和客情费用，申请的各项市场投入等。这些费用有些是员工个人的能力和判断决策有误，给公司带来的额外浪费。

6. 工作规划与进度显示

员工职业要有规划，工作项目也要有规划。以年度为单位，设定相关工作项目的目标和推进计划。并将实际工作进度与之进行对标，看看员工是否有对项目具有规划能力，以及是否按照这个既定规划按时完成。

7. 工资内部调研

员工对自己所发薪酬有意见是正常的。老板可以每年主动进行 1～2 次的薪酬意见调研，通过问卷的形式，主动询问大家对薪酬及考核的意见。

公司可以通过这 7 个措施的导入，引导员工较为客观地看待自己的工资。同时在工资的调整方面，公司建立一个公开意见收集机制，员工有意见、想法可以直接提出来，免得员工总是私下来抱怨，放大负面消极情绪。

新老员工的薪酬平衡

公司早期入职的员工，初始待遇不高。毕竟当时公司条件有限，当年市场行情也不高。在工作若干年之后，待遇才一点点上涨起来。

随着公司条件的好转，以及外部薪酬行情的提升，后期入职的员工，薪酬待遇水平要比以前高，在入职时的起步薪酬就有可能赶上老员工当前的薪酬水平。这难免会让老员工心理产生一些不平衡，产生一些消极情绪，从而影响工作和团队氛围。为此，公司需要有一些观念引导和平衡措施。

1. 老员工的看法

有些老员工可能会认为自己当年入职时公司规模和工作条件有限，自己待遇低。自己亲眼看着公司逐渐做大，这其中有着自己持续的辛苦付出，而新员工刚来，什么贡献都没有，就能拿到与自己接近的薪酬待遇，着实不公平。

2. 新员工的看法

新员工可能会认为自己的薪酬水平是按照正常行情来的，不可能为了老员工的心理感受，而来降低自己的薪酬待遇。

3. 客观地看待

公司的持续经营，员工在不同阶段的入职，新老员工的薪酬矛盾，这个情况必然存在。

首先是外部整体的薪酬行情持续在涨，招新员工时，不按照当前的薪酬行情，可能就没有办法招到人。

4. 矛盾点

双方角度不一样。老员工以工作履历来衡量，新员工按照正常薪酬行情来衡量。

公司不可能为了平衡老员工，就压低新员工的薪酬待遇。也不可能为了安抚老员工，就给老员工直接加工资。

5. 解决方向

公司应建立一个新的衡量标尺，不以入职时间长短为标尺，而是以当前的工作价值为标尺。只要具备一定的工作价值，就能享受对应的薪酬待遇，工作价值低的工作年限再长也没用。

那么，这个工作价值应包括什么内容？

(1)与岗位要求所匹配的职业技术能力。

(2)业绩贡献：业绩完成额、完成率、完成质量等。

(3)是否遵循公司既定的规章制度和标准流程。

(4)自身的持续学习进步与创新。

(5)自身工作的规划性和透明化。

6. 先量化老员工的实际情况

以工作价值作为标尺，先来量化当前老员工的实际情况。

首先，在公司工作多年，工作过程应该也是成长过程，那么，在以下几个方面的实际成长情况如何：

(1)技术能力水平是否在持续提升？

(2)业绩情况如何,数量和质量都达标了吗?

(3)这些年自己有学习进步吗?

(4)有创新吗?

(5)自身的整体工作状态是透明的吗?

(6)作为老员工,有无培养出新员工?

(7)作为最了解公司的老员工,各类规章制度都有遵守吗?是否按照既定的标准流程在开展工作呢?

……

针对以上问题,公司可以要求每位老员工将这些问题的答案写出来,再提出对应的改进计划,并内部公开张贴。

老员工可能会强调在公司的工作时间长,资历深。公司则需要向老员工说明,市场在变化,公司在发展,需要员工保持同步的进步。若是员工自己没有提升,对工作没有创新,对公司规章制度做不到带头遵守,仅仅只是有单纯的工作时间积累,是远远不够的。毕竟,重复的工作、单纯的时间积累没有多大价值。甚至,工作能力的退步,反而给公司带来更大的成本和风险。

针对长期不合格的老员工,公司可解聘与其雇佣关系。

7. 主动告知

基于公司里新来员工的薪酬情况,公司有必要主动向老员工做两点告知:

(1)新员工的薪酬待遇,是按照当前的市场行情和公司薪酬体系,综合算出来的。相对以前入职的员工来说是要高一些。因为背景不一样。

(2)新来的员工在工作能力和业绩贡献方面,短期内可能要落后一些,与老员工存在一定的差距。需要有一个学习和磨合的过程。

总而言之,新员工刚入职时,客观上会存在高薪低能的情况。

为了避免老员工对新员工的抵触，公司还可以设计一些利益关联措施，例如：

(1)安排老员工对新员工进行课程培训，并给予授课费；

(2)组织新员工对老员工的匿名打分，得分高者有奖励；

(3)承担新员工带岗的老员工，可以在一段时间内，分享新员工的业绩比例奖金。